本书为 2016 年度广西职业教育教学改革研究重大招标课题"职业院校传承发展区域民族文化研究"（课题编号：GXZJ2016ZD14）研究成果

# 中等职业学校传承发展区域民族文化的实践与研究

## ——以广西百色市为例

刘易霏　著

北 京

冶 金 工 业 出 版 社

2019

## 内 容 简 介

本书是在 2016 年度广西职业教育教学改革研究重大招标课题"职业院校传承发展区域民族文化研究"的研究成果基础上撰写而成的。全书共 5 章，主要内容包括百色地区民族文化概述、中等职业学校传承发展区域民族文化的必要性及现状、探索与成效，以及中等职业教育与民族文化传承的若干理论思考等内容。

本书可供教育行业管理人员、职业教育工作者和相关学校师生阅读参考。

**图书在版编目 ( CIP ) 数据**

中等职业学校传承发展区域民族文化的实践与研究：以广西百色市为例/刘易霏著 . —北京：冶金工业出版社，2019.9

ISBN 978-7-5024-8217-6

Ⅰ.①中…　Ⅱ.①刘…　Ⅲ.①中等专业学校—作用—少数民族—民族文化—保护—研究—百色　Ⅳ.①K280.673

中国版本图书馆 CIP 数据核字 ( 2019 ) 第 168813 号

出 版 人　谭学余
地　　址　北京市东城区嵩祝院北巷 39 号　邮编　100009　电话　(010)64027926
网　　址　www.cnmip.com.cn　电子信箱　yjcbs@cnmip.com.cn
责任编辑　俞跃春　美术编辑　郑小利　版式设计　禹 蕊
责任校对　卿文春　责任印制　李玉山
ISBN 978-7-5024-8217-6
冶金工业出版社出版发行；各地新华书店经销；北京建宏印刷有限公司印刷
2019 年 9 月第 1 版，2019 年 9 月第 1 次印刷
169mm×239mm；10.75 印张；210 千字；162 页
**56.00 元**
**冶金工业出版社　投稿电话　(010)64027932　投稿信箱　tougao@cnmip.com.cn**
**冶金工业出版社营销中心　电话　(010)64044283　传真　(010)64027893**
**冶金工业出版社天猫旗舰店　yjgycbs.tmall.com**
（本书如有印装质量问题，本社营销中心负责退换）

# 序 言

我国是一个多民族国家，各民族人民在共同的劳动与生活中创造了丰富的物质文化和精神文化，民族文化是各民族人民勤劳和智慧的结晶，是人类文明多样性和丰富性的体现，优秀的民族文化是人类文化遗产不可或缺的一部分，怎样更有效的继承和发扬优秀的民族文化，对提高各民族人民的文化素质，保障民族文化事业繁荣发展及促进民族地区经济快速发展具有重要意义。

中等职业教育是我国国民教育的一个体系，又是教育整体发展的一个阶段。与此同时，民族地区职业教育的特殊性首先体现在其根植于丰厚而独特的民族文化土壤，具有职业教育和民族文化教育的双重属性。推进民族地区职业学校传承与发展民族文化是发挥民族地区职业教育基础性作用，传承与创新民族文化的基本要求，也是提高技术技能人才培养质量，服务民族文化产业发展的重要途径。如何准确定位和充分发挥民族地区职业教育的民族文化教育功能也越来越受到重视。作为全国唯一的国家级民族地区职业教育综合改革试验区，广西壮族自治区先试先行，在推动职业教育传承与发展民族文化方面进行了卓有成效的探索和实践。

本书作者及研究团队，从 2016 年起，两年如一日，在当地教育行政部门的支持下，与学校校长、老师一起，立足于广西尤其是百色民族地区实际，持续开展中职学校传承和发展区域民族文化的探索研究。围绕这一主题，他们从现状调查开始，从教育学、民族学、人类学、社会学以及教育心理学、课程与教学理论、教育评价理论、教育研究方法论等多视角展开系统的研究。他们摒弃纯粹从思想演化思想、理论推导理论的教育理论研究路径，坚持理论与实践有机统一是研究和发展教育理论的根本途径，结合百色民族地区最真实的教育实际，努力建构适合于民族地区职业学校传承和发展民族文化的教育和用以指导民族地区职业教育实践的鲜活教育理论，得到了社会的认可。本书真实客观地体现了他们的研究成果。

本书综合运用相关理论与方法探讨职业教育中"共性"教育与"个性"教育的关系问题，揭示了民族文化传承长期面对的问题与困难，揭示了中职学校传承和发展民族文化的策略、内容、路径与方法，对于职业教育如何传承和创新民族文化具有重要理论与实践意义，对于拓展研究视角，丰富民族教育理论也有一定的贡献，值得教育政策的制定者和致力于民族文化教育的广大工作者、管理者和研究人员阅读与关注。

是以为序。

百色学院副院长、教授、博士、硕士研究生导师　吕嵩崧

2019 年 3 月 19 日

# 前　言

在经济全球化的现代进程中，民族地区教育尤其是职业教育肩负着双重使命，一是"共性"教育，即要传授现代科学文化知识，以利于少数民族学生能够融入现代化进程中；二是"个性"教育，即要传承发展本民族优秀文化，以培养少数民族学生成为其民族优秀文化的传承者，使优秀民族文化得以代代相传并创新发展。因此，找到中职学校传承发展民族文化的目标、内容、策略和方法，正是本书的出发点。

本书以广西百色市中职学校传承发展区域民族文化为个案，从现状调查开始，辅以文献法、案例研究法及比较研究法，对问题进行了深入研究。

本书认为，民族地区职业教育在其改革发展过程中应根植于多彩丰厚的民族文化土壤，肩负起传承与发展民族文化的特殊使命。民族地区中职学校要明确民族地区职业教育的民族文化教育功能和定位，为此，在构建民族地区现代职业教育体系进程中，应当重新审视和理清民族文化与民族地区职业教育的关系。民族地区教育行政管理部门、中职学校管理者和专任教师应当达成这样一个共识：民族文化是民族地区职业教育的精神财富，是其发展的不竭动力之源，反之，民族地区职业教育又能服务于民族文化的传承与发展，二者是双向互动、互利共生的关系。总之，民族地区职业教育在定位于服务区域经济社会发展的同时，应当结合本民族实际，融入民族文化元素，构建起一条具有民族特色的现代职业教育发展之路。

研究发现，民族地区要更好地传承发展民族文化，必须创建"以学校教育为核心、以家庭教育为基础、以社区教育为辅助"三位一体的民族文化传承模式。如何进一步推动民族地区职业教育在促进民族文化传承与发展方面的作用？首先，必须创新新时代背景下学校传承发展民族文化的教育理念。牢牢把握民族地区职业教育在促进民族文化传承与创新的重要意义与作用，转变民族地区中职学校的办学方向观，改变民族地区中职学生的职业价值观，让少数民族学生成为民族文化的携带者和新的传承人；其次，要充分认识民族地区职业教育与发达地区仍有明显差距这一客观实际，加强基础能力建设；第三，要进一步完善职业教育民族文化传承与创新机制，即完善宏观层面上的政策保障机制、中观层面上的补偿激励机制、微观层面上的组织管理机制；第四，要将民族文化融入校园文化建设、专业设置、课程设计等人才培养的方方面面，要注重在专业培养目标、课程内容选取、教学资源建设等重要环节引入民族文化；第五，要将遵纪守法、爱岗敬业、注重合作、求真务实等职业精神相融合，从而在充分尊重市场经济人才规律的前提下，培养出符合民族地区现代化发展需求的民族文化类技术技能型人才。

研究证明，民族地区职业教育除具职业教育的普遍特征外，还具有民族教育的个性特征。要实现民族文化的有效传承必须依靠学校教育，与此同时，民族地区职业教育具有职业教育和民族文化教育的双重属性，推进民族地区中职学校传承发展民族文化是发挥民族地区职业教育基础性作用，也是提高技术技能人才培养质量，服务民族文化产业发展的重要途径。

本书综合运用教育学、民族学、人类学、社会学以及教育心理学、课程与教学理论、教育研究方法论、教育评价理论等理论和方法，阐述了中职学校教育中如何传承发展民族文化的问题，提出了解决问题的策略、路径和方法，对于职业教育如何传承和创新民族文化应具有理论和实践意义，若能对丰富民族教育理论有一点贡献，将是本人最大的心愿。

由于作者水平所限，书中不妥之处，敬请读者批评指正。

作　者
2019 年 5 月 6 日

# 目 录

# 1 导 论

## 1.1 研究背景

在现代化与全球化的进程中，世界各地的少数民族都面临一个共同的问题，即既要适应现代主流社会的发展，还要力图保留自己的传统文化。职业教育作为国民教育的重要组成部分，是民族文化传承创新的重要载体。民族地区中职学校的教育教学也同样担负双重任务：一方面是"共性"的教育，即要传授少数民族学生普适的科学文化技能，以使其顺利融入现代主流社会乃至与国际接轨；另一方面是"个性"的教育，即要继承和弘扬民族文化，培养民族文化的"活化"载体，进一步增强民族的文化自觉和文化自信。然而，随着经济全球化浪潮席卷全球，从文化历史发展的角度看，民族文化传承正面临着重要危机，有的甚至面临着消亡的危险。民族地区中职学校在传授现代科学文化技能的同时，如何更好地履行民族文化传承的责任，如何理清"共性"与"个性"教育的关系并促成其有机、渐进的结合，是本课题研究的基本出发点。

习近平总书记曾指出"体现一个国家综合实力最核心的、最高层的，还是文化软实力"。文化作为现代社会发展的软实力，在人类经济、社会、政治等方面的发展中具有不可替代的作用，尤其在知识经济时代的今天，文化已然成为区域持续发展的动力源泉和竞争力的核心要素，其在加速区域发展、促进社会进步中的地位和作用日渐凸显。2013 年 6 月，教育部、文化部、国家民委联合下发了《关于推进职业院校民族文化传承与创新工作的意见》，2014 年 1 月，广西召开了教育发展大会，会议正式发布了《关于加快改革创新全面振兴教育的决定》，提出要围绕"14＋10"现代工业、现代服务业、特色农业、民族文化产业发展需要，建设 40 个职业教育民族文化传承基地，为职业院校推进民族文化传承与创新工作提供了重要保障，这也为本地民族文化传承与创新迎来了重要的机遇。

百色是骆越文化和云贵高原文化的结合部，是世界壮泰语系民族的文化轴心地带，也是中国的革命圣地之一，文化底蕴相当深厚。悠久的历史、灿烂的文化、秀美的山河、光荣的革命传统、多彩的民族风情、丰富的人文景观，使百色文化具有鲜明的特色。在这里，各少数民族共同创造了灿烂多姿的文化，壮族布洛陀文化、黑衣壮文化、壮族织锦文化、北路壮剧文化、壮族嘹歌文化等被列入国务院非物质文化遗产名录。然而，随着经济的发展及生产生活方式的改变，不少民族艺术和技艺却面临着青黄不接、后继无人、濒临失传的局面。

多年来，百色市高度重视区域民族文化的传承和发展。2013 年，靖西市职业技术学校（原靖西县职业技术学校）、凌云县职业技术学校、百色市民族卫生学校被认定为广西首批民族文化技术技能人才培养基地。几年来，各基地发挥本地优势，结合区域特征，做了大量基础工作，如：靖西市职业技术学校通过加强学校基础设施建设，逐渐改善学校办学条件，设立绣球制作室、壮锦实训室、作品展厅、计算机绘图实训室等，与靖西市旧州刺绣技术协会、靖西市壮锦厂、靖西市富盛刺绣有限公司等 3 家建立了学生（员）实习、实训校企合作关系；凌云县职业技术教育中心定期请蒋光条、邓国勇两位蓝靛瑶长号师傅和民间手工艺人黄美松到校任教，在学前教育中推广蓝靛瑶长号技术。但是，由于人才短缺、经费不足等客观原因，百色市民族文化传承与创新工作仍处在初级阶段，县（市、区）各自为战，没有综合利用，整体推进，导致成效不显著，未能转换为显效成果，为区域经济发展提供的服务有限。

为继承和发扬优秀的区域民族文化，"十三五"期间，百色市将打造大型民族文化传承基地列为职业教育主要任务之一，拟与有关部门联合设立市级民族文化传承基地，对全市民族文化技艺进行全面梳理、归整，计划利用 5 年时间建立以中职学校为主阵地、以社区教育为创新传承点、覆盖全市的大型民族文化传承基地，为民族特色产业、文化产业发展提供人才支撑，服务区域经济发展。百色市教育局牵头组织相关单位，联合开展科研项目申报，从市级层面对基层学校进行引领和带动，初步构建以学校为点、覆盖全市的网络格局，为打造大型民族文化传承基地提供理论依据。

本书研究成果是在 2016 年度广西职业教育教学改革研究重大招标课题"职业院校传承发展区域民族文化研究"的研究成果基础上总结而成的。其目的是通过百色中职学校传承发展壮族传统文化的个案研究，把握职业教育在民族文化传承中发挥的作用和存在的问题，探讨以职业教育促进民族文化传承的目标、内容和方法，并从理论上探讨民族文化传承和职业教育的关系。

通过课题的研究，探索中职学校民族文化传承与创新机制，推动职业教育与民族文化传承人才培养相结合，创新民族文化传承人才培养模式，提高技术技能人才培养质量，推动民族地区职业教育特色发展，为民族特色产业、文化产业发展提供人才支撑。

## 1.2  相关概念

本书的研究内容为中职学校教育中的区域民族文化传承发展，主要涉及并需要明确的基本概念如下。

## 1.2.1 职业教育

"职业教育"（Vocational Education）这一概念的提法在国内外不一致，有"职业技术教育""职业教育""职业和技术教育""技术与职业教育和培训"等，各种提法在内涵与外延上存在一定的相似性。在学术研究和实践运用中，学者和实践工作者往往多数采纳语言更为简练的"职业教育"。本研究均采用"职业教育"一说，既为行文方便，也顺应《中华人民共和国职业教育法》所指的"职业教育"。

如何准确界定职业教育？有学者认为"它是有目的、有意识、有组织地形成受教育者职业倾向、职业道德、职业知识和职业能力，培养社会各行各业的合格劳动者（或职业人）的教育活动"，也有学者更简洁地概括为"职业教育是指在基础教育之上，持续提升学生职业素质的一类教育活动"。当然，对职业教育的界定远不止上述说法，学界众说纷纭，这不是本书的关注重点，在此不再一一叙述。本书采用的定义是适应个体发展以及经济和社会发展要求，在一定的文化水平基础上，培养人们获得一定职业资格，以及继续深造、发展所需要的知识和技能的综合职业素质教育。

职业教育所指的外延大致包括行业企业职业培训、中职学校职业教育和社会职业教育。本书所指的职业教育专指中职学校教育，是在公办和民办的学校场域内开展的职业教育，既包括学历职业教育，也包括非学历职业教育。实施职业教育的学校简称为中职学校。

## 1.2.2 民族地区职业教育

本书所指的"民族地区"为拥有民族地方自治权力的少数民族自治区域，包括民族自治县（区、市）等。"少数民族、民族地区职业教育"研究尚未得到理论界的充分关注，对其相关核心概念的界定尚未统一。本书之所以采用"民族地区职业教育"这一说法，原因有三：一是"少数民族"强调族群性，若采用"少数民族职业教育"易让读者误以为本书中的研究是专门面向单一少数民族或是少数民族群体的职业教育，而根据我国少数民族"大杂居，小聚居"的分布特点，这是基本实现不了的，"民族地区"则强调地域性，考虑到我国教育行政管理体制中的地方行政制度，以区域为单位来划拨教育经费和进行其他管理，宜采用"民族地区职业教育"；二是根据职业教育为区域服务的功能性特点，职业教育往往要根植于一定地理界限范围的区域发展；三是尽管相关研究数量过少，但近年来不少学者都采用的是"民族地区职业教育"。所以，本书最终采纳"民族地区职业教育"的表述。

"民族地区职业教育"是指以民族地区学生，尤其是少数民族学生为对象，以重点培养民族地区技术技能型实用人才为目标，为满足民族地区的经济、文化、社会的发展需求而开展的现代职业教育。开展民族地区中职教育的学校被称为"民族地区中职学校"，兼招少数民族和汉族学生。民族地区职业教育在地域、对象、类型等方面具有清晰而又被普遍认可的特殊性，使其具有现代职业教育和民族教育的双重属性，具有落后性、民族性和政策性三种特征。

### 1.2.3 文化

对于"文化"的概念解读莫衷一是。英国学者泰勒早在 1871 年在其专著《原始文化》一书中是这样定义"文化"的，他认为"文化，或文明，就其广泛的民族学意义来说，是包括全部的知识、信仰、道德、法律、风俗以及作为社会成员的人所掌握和接受的任何其他的才能和习惯的复合体。"美国学者克罗伯和克拉克洪在研究了关于文化的定义后进行了综合，他指出"文化存在于各种内隐的和外显的模式之中，借助符号的运用得以学习和传播，并构成人类群体的特殊成就，这些成就包括他们制造品的各种具体式样，文化的基本要素是传统思想观念和价值"。在联合国教科文组织（UNESCO）有关文化多样性的公告中，文化被定义为"一个社会或群体表现在精神、物质、智力及情感等方面特征的总和，也包括艺术、文学、生活方式、群居方式、价值体系、传统及信仰"。本书较为认同的是"文化是指人类在社会历史发展过程中所创造的物质财富和精神财富的总和"，它包括物质、精神和制度三个层面。饮食、衣着、住宅、生产工具属于物质层面；语言、文学、科学、艺术、风俗、节日和传统等属于精神层面；政权体系、法律法规属于制度层面。

### 1.2.4 民族文化

"民族文化"是一个民族在其历史发展过程中共同创造并赖以生存的一切文明成果的总和，包括知识、信仰、艺术、道德、法规、习俗乃至各种习惯，它既是既往的民族感情和民族意识的积淀，又是当下该民族的时代精神和价值取向的凝结。所以，从时间维度上讲，有传统和现代之别。民族文化既包括历史上流传至今的民族传统文化，也包括当前所营造的民族现代文化；从内部构成维度上讲，有广义和狭义之分。我国广义上的民族文化是指中华民族文化，包括汉族和55 个少数民族的文化；狭义的民族文化则只指除汉族外，55 个少数民族的文化。本书所论及的"民族文化"采用狭义的表述，指少数民族在长期的传统生产生活历程中创造的具有民族特色的物质、精神、制度成果，以及以此为基础的生产生活方式和习俗。

### 1.2.5 区域民族文化

本书中的"区域民族文化"是指狭义上的民族文化，即以百色壮族聚居地区传统文化为主体的复合民族文化。具体是指那些千百年来本区域壮族人民通过各种形式语言交流、生产活动、生活习俗等形成和积淀下来的有形和无形的文化。

## 1.2.6 文化传承

本书中的区域民族的文化传承是指狭义上的单一民族文化传承,具体指壮族聚居地区以壮族传统文化为主的传递和继承。

另外,本书所指的民族文化传承与创新,不是将民族传统文化原封不动地传递,而是有甄别、有筛选地对民族优秀传统文化进行民族文化再生产。任何文化传承中的传承主体都不会简单地接受前一代文化主体的文化模式和文化精神,都必然会在文化学习、文化习得和文化适应过程中添加自己的某些革新和某些创新,或者出现具体的历史条件导致原有文化的改变。

## 1.3 有关研究评述

我国对民族教育的研究兴起于20世纪90年代,进入21世纪,这方面的成果日趋丰富。概括起来与本书研究内容有关的主要有:

(1)民族文化传承理论研究。赵世林先生认为,现代化是每一个民族繁荣昌盛的必由之路,每一个民族都不应该拒绝现代化;另一方面,每一个繁荣昌盛的民族都应保有自己优秀的传统文化,都应保有自己民族的基本特点。丧失现代化将意味着民族的贫困,丧失传统文化则意味着民族的消亡(赵世林,1995)。他还认为,文化传承过程"因受生存环境和文化背景的制约而具有强制性和模式化要求,最终形成文化的传承机制,使人类文化在历史发展中具有稳定性、完整性、延续性等特征。换言之,文化传承是文化具有民族性的基本机制,也是文化维系民族共同体的内在动因"(赵世林,2002)。白庚胜先生则从文化传承的内容和方式两个方面做了较详尽的论述,认为我们要传承的文化内容主要有七点:一是民族精神;二是民族的标识;三是社会组织力把社会行为规范化,即制度;四是民族文化的传人;五是学术资源;六是知识系统;七是情感宝库。同时,他还认为文化应通过教育传承,包括家庭教育传承和社区教育传承、学术传承、产业传承、媒体传承和民间传承等五种方式(白庚胜,2007)。

(2)学校教育传承民族文化研究。曹能秀、王凌认为,民族文化传承对教育的影响主要表现为培养民族意识和民族精神;教育对民族文化传承的影响主要表现为促进民族文化的心理传承、促进民族文化的保存和积淀。教育在一定程度上是民族文化传承的产物,又是民族文化传承的一个动因;民族文化传承是教育的目标之一、又服务于教育的目标(曹能秀、王凌,2009)。

国际方面,一些西方国家如美国、加拿大、英国在20世纪六七十年代的民族复兴运动使国家教育系统的整体改革中不得不考虑少数民族文化的教育问题。这种改革在各国学校改革的实践中，涌现出了许多名称，如多民族教育、种族多元化教育、多元文化教育等。美国于 1968 年围绕多元文化教育出台专门的教育法案——《双语教育法案》，以保障母语为非英语儿童的教育水平。澳大利亚政府 1989 年发表的《澳大利亚促进多元文化的全国议程》，提出了多元文化政策的 8 项目标原则，在教育上表现为：在课程中增加少数民族文化的内容，确定具有多元文化教育特色的国家语言政策。

综上所述，关于民族地区学校如何传承民族文化的问题，已有研究从不同的视角和维度对其进行了探讨，这为本书提供了重要的参考资料和研究启发。但已有研究仍存在以下方面的不足。

（1）从研究主题来看，已有研究缺乏比较系统的研究。纵观已有研究，多集中在民族文化传承的理论研究、现代化进程中的民族文化传承危机等几个方面。

（2）从研究方法来看，已有研究多是思辨研究，实证研究相对较少。而专门针对壮族学校教育中民族文化传承问题的实证研究则更少，具体到诸如黑衣壮文化、北路壮剧文化教育传承问题的几乎没有，面对出现传承危机的壮族传统文化，我们有进行传承研究的历史使命。

## 1.4　研究的理论基础

本书以马克思主义为指导，以党和国家历来主张的各民族平等和共同繁荣进步的方针、相关民族政策以及构建和谐社会的理论为依据，主要以教育人类学、文化人类学、教育文化学、民族教育学等理论作为立论及方法论基础。具体来说，马克思主义的辩证唯物主义是开展研究的基本前提；我党的各民族平等和共同繁荣进步的方针及民族政策、构建和谐社会的理论是研究的指导思想；教育人类学、文化人类学、教育文化学、民族教育学的基本理论，是探讨教育对民族文化传承的作用、探索民族文化传承和教育关系的理论基础和方法论依据。

### 1.4.1　教育人类学的基本理论

教育人类学是一门应用人类学的原理和方法来研究教育、阐明教育作用于人类发展的基本原理以及特点的科学。19 世纪后半叶，工业化迅猛发展使多元化世界迅速崛起，日益复杂的人类问题使人类学得到迅速发展，也促使教育人类学应运而生。教育人类学兴起后，首先流行于发达国家，二战后得到许多新兴国家的积极推动，逐步形成独特的研究对象和研究方法，成为当代教育研究的重要力量。

教育人类学在西方的兴起，有两个最重要的因素：一是多元社会的崛起，教育人类学以跨学科的、全新的视角来更综合、更深刻地审视和研究教育，提供了新的教育认识；二是以特有的文化观介入民族教育实践，致力于创建本民族特色的教育体系。无论是西欧的哲学教育人类学，还是英美的文化教育人类学等分支学科，都是特定教育实践的产物。因此，教育人类学的研究对象就是从特定文化背景出发，运用教育人类学的原理方法研究特定民族和本国教育实践。这是教育人类学发展的基点。在研究方法上，教育人类学强调实地考察和参与观察，即要求研究者深入到某一文化人群中，通过与当地人长期深入的接触和了解，深入考察其教育与周围社会文化环境之间的相互依存关系。实地研究和参与观察是教育人类学收集资料、形成观点的主要途径和方法。

教育人类学把教育看作是文化的一种生命机制，认为教育本身具有文化的特征，但教育作为文化形式，又会反作用于文化整体；正是在教育的作用下，文化才得以产生、保存和积淀，得以弘扬、创造和发展；教育具有文化积淀和保存功能、文化传递功能、文化选择功能和文化创造功能。从教育人类学的视角来看，教育的功能不仅使群体成员认同和接受主流文化，同时，也使那些亚文化群体接受主流文化的影响。只有这样，群体或国家才具有凝聚力，才能保持和谐和稳定。与此同时，主流文化与亚文化之间的相互承认和尊重也是必需的。任何一个文化群体对自身文化的认同部分都是以文化群体的相互承认为基础的，因为我们的文化认同部分是以他人的承认为基础。如果得不到他人的承认，或者只是得到他人扭曲的承认，不仅会影响我们的认同，而且会造成彼此的严重伤害。因此，在一个由主流文化和各种亚文化组成的国家中，多元文化教育是非常必要的。它不仅包含着文化的自我认同，也包含着对异质文化的承认与尊重。

## 1.4.2 文化人类学的基本理论

文化人类学是一门以人类文化为研究对象的学科，研究整个人类文化的发生、发展、变迁和演化的过程，并比较世界各民族、各群体、各国家、各地区文化的异同，借以发现人类文化的普同性与特异性，并建立符合社会实际的文化理论，以便构筑或指导人类文化发展的一门科学。

与其他以人类为研究对象的学科有所不同，文化人类学具有以下几个基本的学科观。

一是文化整体观。文化人类学主张多角度、多方位地研究人类经验的众多方面，把各种文化现象作为一个有内部联系的整体来加以探讨；在比较各民族文化时，关注的是不同民族的生活方式是如何形成的，又是如何传递给下一代的；所研究的人无论从地域还是从时间的角度看，都比其他学科广阔。

二是文化相对观。文化人类学主张文化是特定社会中人们行为、习惯和思维模式的总和，每一个民族都有其世代相传的价值观；由于每一种文化都是一个独立的体系，不同文化的传统和价值体系是无法比较的，每一种文化都只能按其自身的标准和价值观来进行判断；一切文化都有它存在的理由而无从分别孰优孰劣，对异文化要充分尊重，不能以自己的文化标准来判断和评价。

三是文化普同观。文化人类学认为，自人类产生以来，人类心理的基本状况是大体相同的，所有的人是完全平等的；文化内外环境相似的民族会产生相似的文化反应，不同的环境尽管产生的文化面貌有所不同，但由于人类心理基本状况大体相同，因此，在文化的不同部分也通用具有所有文化的共同特色；也正因为人类的心智和心理的相同或相通，各个不同的文化之间才可以互相交流、互相传播、互相学习，各个文化之间要素才可以互相借用、互相吸纳甚至互相融合。

四是文化适应观。文化人类学认为，每一种文化都是对特定的自然环境和社会环境的适应结果；一个社会的某种特殊习俗大多与该社会的特定环境相关；文化对环境的适应不是一次性的，也不是僵化不变的，而是表现出连续性的整合和变迁的过程。

五是文化整合观。文化人类学主张构成文化的诸要素在大多数情况下是相互适应与和谐的，人类生活的各个层面是一起协调地运作的；各种生活层面交织成社会大网的线，同时，也是更大的自然与社会环境中不可缺的一个部分，因此，要全盘地了解一种信仰或形式，就必须观察它与社会中各项因子间的互动关系，同时，也要看它与形成社会的广泛环境因素之间的互动关系。

以上文化整体观、相对观、普同观、适应观和整合观是人类学者研究和分析人类文化现象及生活方式的基本观念，是文化人类学区别于其他同样以人为研究对象的学科的重要标准。

我国台湾著名的人类学家李亦园认为，人类学是介乎社会科学与人文科学之间的学科，其研究取向常常是社会学与人文学并行的。社会学的取向是用来研究那些可观察的文化，其目的与自然科学一样，主要是追求事物之间的规律。它把文化当作一个具体的东西，尝试透过归纳综合以寻求因果关系的解释，其采用的方法大都着重于量的表达。人文学的研究取向偏重于对个人的创作、个人的思考、个人的内在意义与价值的追求和了解。这些人文现象不适于追求规律，只适合于以个案的方式来加以了解。因此，人文学的研究主要探讨事物现象的原创性、表达性与独特性，在方法上则重视对内在意义与价值的诠释，其表达方式经常是重于质的。

文化人类学是介于社会科学与人文科学之间的学科，其研究方法综合了社会科学的量的研究方法和人文学的质的研究方法。一般而言，文化人类学者在从事具体的人类文化现象的分析和研究时，往往采用田野调查、背景分析、跨文化比较、主位与客位研究、大传统与小传统研究五种方法。

### 1.4.3 教育文化学的基本理论

教育文化学是分析教育活动中的文化现象、探讨教育与文化相互关系的一门学科。作为教育科学与文化科学高度融合的产物，教育文化学是现代科学相互交叉、相互渗透的结果；它既是教育科学的分支学科之一，又属文化科学的门类范畴。从宏观的层面来看，教育和文化的基本关系可以归纳为以下两个方面：其一，教育是文化的表现形式，是文化中的一个重要组成部分；其二，文化的流变制约教育发展的历程。

文化具有一定的教育功能。一方面，文化本身即是一种巨大的教育力量，因为人是文化的动物；另一方面，文化作为教育的背景因素，对教育的发展起控制作用。教育也具有一定的文化功能，教育文化加以有意识地传递与保存，并通过选择与重组而实现文化的改造和创新，由此影响社会生活与精神。具体而言，教育的文化功能主要体现在以下几个方面。

（1）教育保存了文化，维持了文化生存。教育活动中传播的文化传统中的价值规范、思想观念等，是一个民族、一个社会文化的基本内核，它在使后人对前人所创造的社会文化具有高度适应性的同时，也维持了文化传统，保证了文化的延续和相对稳定。

（2）教育促成了文化积淀，塑造了民族性格。教育对文化的经久保存和传播，直接导致了一个民族文化的凝聚和积淀，形成了一种文化的基本内核。而且，人们在熏染于文化、作用于文化的过程中，会自觉或不自觉地将其内化为心理过程和心理尺度，养成这一民族特有的思考方式和行为方式。

（3）教育促进文化增值。教育在传递文化的过程中，因社会变革、受教育者不同的身心状况以及教育者自身的价值观的差异，赋予文化传统以新的意义；或因各文化要素的重组、整理、融合，文化传统发生性质、功能等方面的变化，衍生出新的文化要素，迸发出文化更新的火花。文化传播中所产生的文化意义或要素，就形成了文化传统的扩展和延伸。

（4）教育通过濡化使文化保持稳定，使文化传统得以延续。濡化是部分有意识、部分无意识的学习过程，靠老一代指示、引导并强迫年轻一代接受传统的思想和行为方式。它主要以老一代掌握在手的奖惩儿童的手段为基础，教育每一代人不仅重复前一代的行为，而且奖励与自己濡化过程相适应的行为，并惩罚至少是不奖励与自身濡化过程不相适应的行为。在濡化中，教育发挥着独特的作用。它依据其特有的目的性，利用种种手段和方式将社会群体的价值规范和思想观念有意识地传给下一代，使其掌握所属群体的信仰和价值，形成"原初的信仰"。

### 1.4.4　民族教育学的基本理论

民族教育学是专门研究民族社会教育现象及其规律的科学。这里所说的民族，既可以是某一个民族，也可以是多民族国家中的少数民族。前者强调教育的民族性，后者强调教育在多民族国家中的多元性。民族教育学的研究对象有广义和狭义之分。广义的民族教育学研究对象是具有不同文化背景的世界各民族的教育现象与规律；狭义的民族教育学对象是在一个多民族国家中由文化背景所决定的少数民族教育的特殊现象与特殊规律。

民族教育学是二重性学科或跨界性学科。这是因为：一方面，民族教育学是教育学中的一个分支，和教育心理学、教育经济学、教育政治学等是同位学科；另一方面，民族教育学又是民族学中的一个分支，与民族学学科中的民族文化学、民族经济学、民族心理学等是同位学科。因此，从学科性质来看，民族教育学兼有教育科学和民族科学的双重性质，是一门综合性的边缘学科。

在研究方法上，一方面，作为教育研究的一种，民族教育学研究具有与普通教育学研究相同的方法，这是由其教育特性决定的；另一方面，作为一门独立的分支学科，民族教育学者通过不断的实践探索，逐渐形成了自己的研究方法特色，这是由其研究的特殊对象决定的。民族教育学研究方法的特色和重点，主要表现为具有跨学科性，注重人类学和人种学研究视角和方法的运用，注重文化背景的分析和注重实地调查和实验研究等方面。民族教育学研究的方法很多，一般而言，民族教育学的研究方法主要包括人种学研究方法、跨文化比较研究方法、历史研究方法、实地调查研究方法、个案研究方法、实验研究方法等。

## 1.5　研究的主要内容及意义

本书将针对百色地区壮族传统文化传承的现状，从中职学校教育传承的角度，选择壮族织锦文化、黑衣壮文化、北路壮剧文化、德保矮马产业文化和百色红色文化五个方向进行研究。

### 1.5.1　研究目标

（1）厘清职业院校传承发扬民族文化的现状和问题。通过调研，充分了解职业院校传承发扬民族文化的现状，挖掘存在的问题、阻碍因素及机制。

（2）提出职业院校民族文化传承人才培养模式与机制。通过理论及个案研究，提出职业院校民族文化传承人才培养的路径、方法与机制，提出科学可行的、能够有效指导职业院校民族文化人才培养的实践方案。

### 1.5.2　研究的主要内容

（1）在推动民族文化融入学校教育全过程方面的研究与探索。职业学校在

"授业"与"育人"有效结合与加强校园文化建设方面,就如何提高学生道德素质、提升学生文化素养、使民族优秀传统文化得以代代相传方面进行研究和探索。

(2)在推动民间传统文化及手工艺传承模式方面的研究与探索。在利用职业教育改造民间传统手工艺父子师徒世代相继、口传身授的传承模式,使传承更加规范、系统、科学方面的研究。在利用职业教育推动传统手工技艺与时代发展相结合,与科技进步相结合,提升传统手工艺品的品质,服务特色产业方面的研究。

(3)在加强民族文化传承人才培养模式方面的研究与探索。在推动职业教育人才培养与区域民族文化遗产传承相结合,围绕区域民族文化遗产的传承与保护,调整专业设置,加强专业建设,更新课程内容,创新教学方式,实施对口培养,为区域民族文化遗产的传承创新提供人才保障方面的研究与探索。

(4)在服务相关民族产业转型升级与发展方面的研究与探索。职业学校在围绕区域经济发展方式转变、产业结构调整,服务民族特色产业、文化产业的转型升级,提高民族文化产品的附加值与竞争力方面的研究与探索。

(5)在推进与民族文化相关专业建设方面的研究与探索。围绕区域民族文化特色产业,加强及优化相关专业建设,从而推动本民族地区职业教育走特色发展之路方面的研究与探索。

## 1.5.3 具体研究目标和内容

### 1.5.3.1 中越边境地区中职学校刺绣文化传承发展研究

研究目标:通过研究,探索中职学校如何促进刺绣文化的传承发展,提出人才培养方案。同时,探索创建民族文化相关专业基地建设、课程建设的实践方案。

研究内容:

(1)研究并提出创建服务于民族文化传承的专业建设的可行性报告。探讨刺绣文化产业的发展前景、人才需求,形成开设服装工艺设计(民族手工艺)专业的可行性报告。

(2)探讨创建服装工艺设计(民族手工艺)专业建设。开发校本教材和课程设置,构建基于壮族手工艺发展的服装工艺设计(民族手工艺)专业的人才培养方案。

(3)探索刺绣文化技艺大师工作室建设。构建民族技艺传承人的培养方案。

### 1.5.3.2 百色红色文化在中职学校的传承与实践研究

研究目标:通过研究,探讨适合中职学校传承红色文化的方式方法,构建红色文化在中职学校的传承模式，以期更好地促进百色红色文化的传承与发展。

研究内容：

（1）探讨红色文化校馆合作的可行性方案。加强与爱国主义教育基地的合作，通过校馆合作，实现红色文化资源进校园活动呈常态化，助推中职校园红色文化建设。

（2）在推进百色红色文化进中职校园方面的研究与探索。围绕红色文化，加强教室、宿舍、食堂文化建设。同时把红色文化充实于活动中，构建新型的中职校园文化体系。

（3）探索实施同伴教育的有效方式方法。通过学校小教官、小班主任、红色文化宣传员、学生会干部的带动和引导，实施有效的同伴教育，促进红色文化的自然传承。

（4）在开发红色文化资源融入德育教材方面的研究与探索。通过校本教材引导德育教师利用德育课程教学，真正将红色文化带进课堂、融入教材，实现红色文化的传承与发展。

### 1.5.3.3　北路壮剧在职业学校的实践与传承研究

研究目标：在非物质文化遗产——田林北路壮剧需要保护、传承和发展的背景下，以培养继承人及保护民族文化为导向，对理论及其实践进行研究，探讨如何把非物质文化遗产的保护和传承引入到职业技术学校教育教学之中。

研究内容：

（1）研究非物质民族文化传承方面课程及教学设置。

（2）融合北路壮剧与职业学校教育教学的课堂组织和方法研究。

（3）对传承人的保护，传承人保护成为非物质文化遗产的重要内容。

（4）研究非物质文化遗产北路壮剧的传承和保护途径及方法，职业学校将培养出新一批合格学生或学员。

### 1.5.3.4　矮马产业文化传承研究

研究目标：

（1）通过加强马术专业教学及实训基地建设推动德保矮马产业文化的良性发展。

（2）通过马术专业人才培养体系建设，培养矮马产业保种、育种、驯马人才，扩大德保矮马产业链，传承德保矮马产业文化。

研究内容：

（1）对学校马术专业人才培养体系的研究与探索。

（2）对学校马术专业教材与课程教学设置的研究与探索。

（3）对德保矮马产业应用人才培养目标与质量体系的研究与探索。

### 1.5.3.5 黑衣壮文化传承发展的研究与实践

研究目标：

（1）通过研究，把黑衣壮文化传承与创新发展融入职业教育教学工作，加强校园文化建设，在学校德育教育和专业课教学中融入黑衣壮文化氛围，不断提高教学质量，使黑衣壮优秀文化代代相传，更好地服务民族产业的发展。

（2）通过研究，探索黑衣壮文化传承与本校专业建设发展思路，开发适合本地区经济发展有民族特色的新专业，促进民族地区职业教育发展。

研究内容：

（1）从职业教育视角，着重对黑衣壮的孝文化、服饰文化、礼俗文化的传承进行研究和探索。

（2）探索和开发适合校园学生的黑衣壮山歌教程。促进黑衣壮特色的校园文化建设。

（3）开发适于当地教学的黑衣壮校本教材。用于中职学生和职业培训教学。

（4）进行学校特色专业建设的可行性探讨与研究。通过研究，开设黑衣壮特色餐饮旅游服务新专业。在课程设计、教材编写、专业师资培养、专业实训设备需求等方面进行论证，调整专业设置，开办更多适于本县经济发展的新专业。

## 1.5.4 研究意义

（1）理论意义。通过研究，探讨如何将优秀的民族传统文化引入职业院校教育教学中，找出普适性科学文化知识传授与民族文化传承二者的最佳结合点与生长点，提出构建稳定的、系统的传承模式，这对构建职业院校民族文化传承机制具有重要理论意义。

（2）实践意义。本书将通过探讨课程改革及民族文化进校园等形式，找出职业院校传承民族文化的途径，对民族地区如何传承民族文化提供实践经验和方法，为其他民族地区职业院校传承发展区域民族文化提供借鉴。

## 1.6 研究重点和创新点

### 1.6.1 中越边境地区中职学校刺绣文化传承发展研究

重点和难点：构建基于壮族手工艺发展的服装工艺设计（民族手工艺）专业的人才培养方案是重点，也是难点。

拟解决的关键问题：加强对民族工艺实训室的建设，使刺绣文化融入职校的教学生活中，把服装设计工艺与刺绣文化工艺相结合，在课程设置中实现民族服装人才的培养。

创新处：推动服装工艺设计（刺绣文化）传承模式改革。利用职业教育改造民间传统手工艺父子师徒世代相继、口传身授的传承模式，使传承更加规范、系统、科学。推动刺绣文化技艺与时代发展相结合，与科技进步相结合，与国际市场相结合，为当地的经济发展服务。

### 1.6.2　百色红色文化在中职学校的传承与实践研究

重点和难点：围绕红色文化进校园，如何构建新型的中职校园文化体系是研究的重点和难点。

拟解决的关键问题：通过校馆合作，培养一支热爱红色文化的教师团队，引导和组织班级学生开展学习百色红色文化内涵的活动，并弘扬百色红色文化精神，在校园内营造浓厚的红色文化氛围，提高学生道德素质，使百色红色文化得以代代相传，实现"百色红色文化在中职学校的传承与实践"常态化发展。

创新处：通过校馆合作，实施百色红色文化进中职校园工程，实现百色红色文化在中职学校的传承与发展。开展红色文化进校园的研究，创建一个积极向上的红色文化氛围，引导和组织学生学习百色红色文化的内涵和弘扬百色红色文化精神，使学生受到潜移默化的熏陶、感染和教育，进而使得百色红色文化得到传承与发展。

### 1.6.3　北路壮剧在职业学校的实践与传承研究

重点和难点：北路壮剧的记录及传承方式是研究的难点。如何将北路壮剧的传承融入中职教学体系是研究的重点。

拟解决的关键问题：如何通过专业、课程的开设服务于北路壮剧的传承。

创新处：

（1）理念创新。通过研究，实现教师和学生的理念从单一的专业技能教育教学向多元化教育教学转变。

（2）模式创新。一是打破陈旧的传统的教学方式，建立"以戏剧走进校园""壮戏走进课堂"的教学模式；二是以表演活动为中心，教学方式方法要灵活多样。

### 1.6.4　矮马产业文化传承研究

重点和难点：德保矮马文化传承现状及方式。

拟解决的关键问题：如何通过专业建设及打造文化传承基地建设，培养传承人才。

创新处：探讨和研究马术专业建设，加强实训基地建设，解决矮马产业人才紧缺问题，拉动学生就业。一方面通过专业人员对德保矮马的调教，使之成为骑乘马、马术用马，通过科学保种、改良技术使之成为观赏用马，增加德保矮马的附加值，提高农户养殖积极性，自然解决保种问题，推动畜牧业健康发展；又一方面利用其"观赏＋骑乘"，推动旅游产业及其他服务行业的发展，进而推进矮马文化的传承与发展。

### 1.6.5 黑衣壮文化传承发展的研究与实践

重点和难点：找准黑衣壮文化内涵与现代职业教育课程的共性，找到切入点，传承发展灿烂的民族文化是研究的难点。如何将优秀的黑衣壮文化资源融入职业学校教育教学改革之中，尤其是黑衣壮孝文化、礼仪民俗文化的课程改革，黑衣壮服饰文化和餐饮旅游相关专业的建设是研究的重点。

拟解决的关键问题：一是从职业学校德育教育教学入手，在思想政治教育中渗透黑衣壮的孝文化、礼仪文化、民俗文化、山歌文化，使民族文化精华得到传承创新发展；二是从专业课教程改革着手，将黑衣壮服饰文化和餐饮文化、酒文化、茶文化与现代餐饮旅游服务专业有机融合，探索开办具有当地民族特色的餐饮旅游服务新专业，设置新课程为当地经济建设服务。

创新点：构建中等职业教育校园文化与黑衣壮文化融合平台方案，开展灵活多样的黑衣壮校园文化，不断完善现有专业课程改革，探索创建具有黑衣壮特色的新专业。

## 1.7 研究思路与方法

### 1.7.1 研究思路

从壮族传统文化特征及传承困境等层面对其进校园的必要性进行分析；对壮族文化传承机制进行探讨；对职业院校如何更好地处理共性教育与个性教育的有机融合问题进行理论思考；对职业院校民族文化传承机制的完善提出策略和建议。

### 1.7.2 研究方法

（1）调查法。通过调研、考察、访谈、问卷和资料收集等方法，以获得尽可能详尽的一手资料，总结成功经验，探究存在的问题及根源。

（2）文献法。本课题需要收集以往的相关文献，包括地方民族志等，通过阅读和分析，加深对问题的理解，吸取相关研究成果。

（3）案例研究法。对本地区职业院校传承发展区域民族文化比较好的个案进行研究，挖掘成功经验，探索运行机制，推广成功做法。

（4）比较研究法。对不同国家和地区民族文化传承的教育理论、政策进行比较，总结经验与不足，最终获取完善的职业院校民族文化传承机制的对策。

# 2  百色地区民族文化概述

广西壮族自治区西部的百色市位于我国西南部,北与贵州接壤,西与云南毗邻,南与越南交界,总面积3.63万平方千米,是广西内陆面积最大的地级市。百色是人类的重要发源地,这里居住着壮、汉、瑶、苗、彝、仡佬、回族7个民族,少数民族人口占总人口的87%,其中壮族人口占总人口的77.6%,是本地区的主要民族。2002年经国务院批准撤地设市。全市辖12个县(市、区)135个乡(镇、街道),总人口417万。百色是"全国生态型铝产业示范基地""中国优秀旅游城市""全国双拥模范城""国家园林城市""国家卫生城市"。同时,百色还是革命老区、边境地区、大石山区、贫困地区、水库移民区和少数民族地区。本书所调查的民族文化是百色地区壮族的传统文化。

## 2.1  百色壮族的历史渊源

百色壮族是具有悠久历史的土著民族。在远古时代,百色大地山岭绵延,洞穴众多,丛林莽莽,兽类出没。优越的自然条件和资源,为最初的人类居住和生活提供了有利的条件。

据考古学家的考古发现,早在几十万年至一万多年前,百色大地上就有古人类的广泛活动。百色右江河谷地带,已发现多处六七十万年前旧石器时代古人类活动留下的遗址,其中有不少文化遗物。同时还发现了五万至一万多年前旧石器时代晚期人类的化石和文化遗址、遗物分布。

从商、周、春秋战国至秦、汉时期,生活在广西百色这片土地上的是"百越民族"中的西瓯和骆越部落。他们已从石器时代过渡到金、石并用的时代。我国古代著名学者顾炎武认为,"僮即旧越人",可知西瓯和骆越是壮族的古代先民。春秋战国时期,中原众诸侯国互相兼并,国家尚未统一,华夏(后来的汉族)民族还没有到达岭南,西瓯和骆越人处于自然发展阶段。他们耕种"骆田",铸造铜鼓及其他青铜器,开拓广西。秦、汉统一后,广西各地为统一国家的中央政权管治,中原汉族开始到广西各地与壮族先民西瓯、骆越人杂处,开始了共同开发广西的历程。但中央王朝的势力和汉族的居住地,都局限在桂东北及桂东交通比较便利的治所附近,许多郡下的县仍为虚设,西瓯和骆越人仍是广西大地上的主要居民,说明壮族先民仍然是百色的主要开拓者。

公元六世纪以后的唐、宋时期，居住广西各地的壮族先民称为俚、僚、土人。唐、宋时期，由于国家的统一和经济文化的发展，王朝对广西各地的统治大为加强。在军事上，于各交通重地和边防要塞驻军防守。在经济文化上，鼓励生产，设立学校。这一时期，大批王朝官吏、军卒、商旅、流民从中原各地南来广西各地，与这里的俚、僚、土人杂居，将汉族先进的文化和生产技术传授给当地人民。但就当时的人口而言，俚、僚、土等仍占绝大多数，是广西各地主要的劳动生产者，王朝鼓励垦荒主要是鼓励当地俚、僚、土人垦荒。

明、清时期，广西各地壮族的名称很多，有俍、僮、土、沙、侬等称谓。民国时期至新中国成立之初，壮族称为僮族。1965 年，根据周恩来总理的提议并经国务院批准，将"僮"改为"壮"。中华人民共和国成立以后，壮族地区发生了巨大变化。1952 年 12 月 9 日，在广西西部壮族聚居区建立了桂西壮族自治区（1956 年改称自治州），辖 41 个县。1958 年 3 月 15 日，在广西的辖境范围内建立了广西壮族自治区，撤销了桂西壮族自治州建制，壮族人民实现了当家作主的权利。从此，百色壮族人民不断开拓进取，发展壮大了农村经济，建立了比较完整的工业体系，繁荣了科学、教育、文化、卫生、体育等各项社会事业。

百色市的壮族有南壮、北壮两种，分多种族群。南壮主要分布在德保、靖西、那坡等县，北壮主要分布在右江区和田阳、田东、平果、西林、田林、凌云、乐业等县。南、北壮间语言、习俗不尽相同。

下面特别介绍黑衣壮，它是百色壮族的一个支系，主要集中在广西与云南边邻的那坡县。与越南毗邻的广西那坡县，是广西壮族自治区壮族比例较高的县之一。该县境内的壮族按称谓和语言划分为布壮、布央、布峒、布农、布税、布依、布嗷、布省、布决、布拥、隆安和左州 12 个族群。黑衣壮多数分布在那坡县 82 个村的 377 个屯中，现有 9900 余户，总人口约 51800 余人，占当地壮族总数的 33%。黑衣壮是壮族，但它又不同于一般壮族，它是壮族族群中一个特殊的族群，他们独特的生活习俗和文化特质受到了世人的青睐。

自称为"敏"（也称布壮）的族群就是人称黑衣壮的一个族群，他们的部落分布在与越南毗邻的广西那坡县的崇山峻岭中。由于长期居住在偏僻、贫瘠的大石山区，黑衣壮在婚姻、宗教和生产、生活等方面沿袭着原汁原味的族群习俗。崇拜黑色，把黑色作为服装颜色和民族标记，这个"以黑为美"的民族以独特的民风民俗被人类学家誉为壮族的"活化石"。相传远古时期，布嗷、布敏族人居住的地区山林茂密、土地肥沃，他们过着自给自足的生活。有一天，布嗷、布敏族忽然遭到外敌入侵，一个叫侬老的首领带兵抵抗，因寡不敌众，被迫退进密林。危急关头，他做梦得到本族老祖的指点：令族人采集蓝靛草沤制成染料，把手、脸、衣服及刀枪都涂黑，天黑时潜入敌阵，最终，布敏族人取得了战争的胜利。从此，他令族人都穿蓝靛染制的黑色衣服，并代代相传。族人见涂黑可以逢凶化吉，化险为夷，也把黑色视为吉祥，以黑为美，以黑为荣，黑衣壮便因此得名。百色壮族人民在抗击法国殖民者入侵、抗日战争中做出了重大贡献和巨大牺牲，具有光荣的革命传统。

## 2.2　百色壮族的传统文化

民族传统文化是指特定民族在历史实践活动中创造和积淀的文明成果，是民族共同体存在和发展的重要条件。相对于外来文化来说，民族传统文化是指母体文化或本土文化；相对于现代文化来说，民族传统文化是指历史上流传下来的文化。它或表现于物质载体，如建筑、雕塑、生产生活工具；或表现于各种知识信息的积累、储存。民族文化有广义和狭义之分，广义的民族文化是指一个国家或一个种族的文化，在我国可称为中华民族文化。狭义的民族文化是指各民族在其历史发展过程中创造和发展起来的具有本民族特色的文化，包括物质文化和精神文化。饮食、衣着、住宅、生产生活工具属于物质文化的内容，而语言、文学、科学、艺术、哲学、宗教、风俗、节日和传统等属于精神文化的内容。本书中的民族文化是狭义的民族文化，特指百色地区壮族文化，具体来说，就是指壮族在其历史发展过程中创造和积淀并流传下来的具有壮族特点的文明成果，是壮族人民群众千百年来在社会生产、生活实践中创造并形成的传统的物质生活、社会生活和精神生活领域内的所有文化事项。

在研究民族文化时，往往会涉及不同类型的文化，而关于民族文化的分类，学术界至今没有统一的标准。有些学者从文化的外在形式把文化分为行为、物化、心理三大类；有些学者从社会价值把文化分为政治的、军事的、宗教的等等；也有些学者从文化的内容上把文化分为物质文化、社会文化和精神文化三类。

### 2.2.1　服饰文化

由于历史原因，各民族居住环境有所不同，传统习俗形式各异，在漫长的历史长河中，世代相传，共同生息，以他们的勤劳勇敢和聪明才智，创造了灿烂的民族民俗文化。壮族风俗习惯各有千秋，服饰各有特点，但也有共同的特征和趋势。

新中国成立前，百色壮族的男女多穿自产的用蓝靛染成的深黑色棉布衣裳，棉布有平板布及斜纹细格两种。清代男子多穿无领的对襟衣，袖口 0.3 ~ 0.5 米宽，裤脚 0.3 ~ 0.6 米宽，裤头围宽 1 ~ 1.3 米，头戴四方形状的黑帽。近代男子多穿胸有 7 ~ 9 对布质扣子的对襟上衣。剃头、不缠头巾，只带各种形态的帽子，多穿草鞋或赤脚。而女子服饰则多种多样，因地而异，各有特色。有的穿长至膝的镶花边无扣短衣，在右腋下用红绿彩线打结，彩线余头为流苏，袖宽 0.3 ~ 0.4 米。有的穿圆领斜襟短衣，下着细槢筒长裙或者宽裤头的黑裤。发式随年龄不同而异，少女留一条长辫，额前刘海垂至眉毛，婚后盘髻，插入各色花朵或发钗。许多地方妇女头包 0.7 米长花格布，有的地方包两头绣有花形图样的 1.6 米左右的黑头巾。一般赤脚，只是在冬天和出门时才穿自做的对扣布鞋或尖头的绣花鞋，少女和初婚妇女带些小巧耳坠、戒指、手镯等。能穿上机制布、绸缎和着鞋袜的多为富人家。中华人民共和国成立后，各种服装式样新颖，特别是 20 世纪 80 年代以来，穿"土布"的已经很少了，一些青年男女烫发，穿高跟鞋、皮鞋等。老年人仍着唐装衣裤，头包机制毛巾，穿凉鞋和各类布胶鞋。

### 2.2.1.1 那坡黑衣壮服饰

居住在那坡山区的布壮，被称为"黑衣壮"。他们崇尚黑色，以黑为美，黑色是他们的族群的标记，如图 2-1 所示。他们无论男女老少，都喜欢穿黑色土布衣裤，皆清一色着黑。男子以黑色头巾、黑色前盖大襟上衣、黑色宽脚裤示人，黑得精神抖擞，女子则以黑色火棱装头巾、黑色右盖大襟、葫芦形圆领上衣、黑色宽脚裤、腰围垂至小腿的黑色大围裙亮相，黑得容光焕发。黑衣壮的"黑"不止于衣着上的黑，还覆盖到他们生产生活的各个方面。除衣服是黑的外，房屋的瓦也是黑的，木楼的柱子也是黑的，家里养的畜禽也是黑的。

图 2-1 那坡黑衣壮服饰

以黑为美是黑衣壮的民族习惯，是历经千百年而不变的民族特色。随着社会的进步，各民族的融合，黑衣壮与外面世界的接触不断增多，黑衣壮服饰不断改装，已从原来的全身黑色过渡到多姿多彩了。如今的黑衣壮，平时的劳动和生活中，大都不穿黑色土布衣裳了，只有在接待贵宾、过节庆日、举行娱乐活动时，他们才会穿起黑衣黑裤来，一片黑色，着实壮观，独具民族神韵。

　　一身黑色的衣着，一曲嘹亮的"呢的呀"山歌，使那坡黑衣壮名扬内外。黑衣壮的服饰是黑衣壮民族民俗文化的显著特征，样式丰富，体现在每个人衣着的各个部位。

　　(1) 头衣。在黑衣壮族妇女中，人人都戴头巾头饰，她们所戴的头巾头饰，已婚的和未婚的，佩戴方式不一样，都各自保持一定的装束，保留着一种浓浓的头衣文化。关于头衣的产生，黑衣壮妇女的解释是：主要是为了保护头部。戴上头巾可以在天气炎热的时候防止日晒，在天气寒冷的时候防止头部免受寒冷和风吹。

　　头衣有两件：一条是较深的白头巾，长度以刚好绕包住头为宜，宽2～3寸，妇女们通常把头发束盘成发髻，卷在头顶，将发髻包住，然后用这条白头巾沿发际将头包住，以插稳各种头饰；另一条是长约9尺、宽6寸的黑布条。黑布条是经折盖在头上，如飞机样盖在头上，盖住前额。此两件头衣是妇女们自己剪裁缝制，白的不需加任何装饰，而黑的则用红线来缝，作为装饰。缝的红线只有在近处仔细看才看得出来，在远处或不注意看就不能看出了。由于此黑巾用土布来做，所以质地很硬，打了折盖在头上，无论风吹抖动都不易变形。为了能戴头巾、头饰，本地妇女一般都留长发。

　　(2) 体衣。黑衣壮的上衣都是用土布来做，且都是自种、自纺、自织、自染、自裁、自缝的土棉粗布，既暖和又耐穿。据《那坡县志·民族篇》载：在明、清土司统治时期，规定凡土民只准穿黑、蓝两色，读书人可穿灰、白色，土官及其亲属可穿绸、缎料子，考中秀才的人，可与土官一样，穿上大襟衣宽筒长裤，这可能是黑衣壮人为什么穿黑衣的原因。

　　黑上衣的构成分衣领、衣襟、后身、衣袖等。黑衣壮妇女的上衣衣领是交领，即衣领直接连左右襟，衣襟在胸前相交，领子也就相交。衣襟是右掩的左衽，衣袖较窄。本地妇女的服饰，大襟衣短至肚脐，刚好接着裙头，纽扣从领口往右腋下开，胸前和袖口，用不同条布捆饰，配上蓝布条。纽扣一般是自己缝制的布结扣。第二代的蓝上衣及领也是交领，衣领绣有各种图案的花纹，胸前绣花，衣袖也饰有彩线条绕缝。下身则穿大筒长裤，外再套上百褶黑裙子，裙脚捆三条边，折起插在裙裤头中。据说，百褶黑裙子本来是自然放下的，但当地妇女为了劳动方便，把裙脚三条边捆起，插在裙裤头中。改装后的妇女裤子依然是黑色，但一般不是自制，而是从街上买回，无裤头，直筒裤，无前后之分，穿时裤头处用布带来绑。

　　(3) 足衣。过去，黑衣壮的妇女一般穿翘头绣花布鞋，男子则穿黑布鞋。现多穿解放鞋，还有运动鞋、皮鞋。

　　在黑衣壮地区，女孩子长到十二三岁，母亲就要手把手地教她做布鞋了。做鞋底时，先将旧的衣服或布撕成片状，用玉米糊一层一层地粘在鞋样上合成板块，晾干，然后撕下，用搅锤将煮熟的糯米搅成糊，一张张粘上，约一厘米厚，正面用白布包裹使鞋底轮廓既圆滑又白净，然后再用纱线来纳缝的方法，在鞋底、袜底等上面密密地缝，使它结实耐磨，依鞋样做成，鞋面用黑布包围，用纱、线将围边一针针地缝纳结实，鞋面、鞋底纳好后，把预先缝好的鞋面沿鞋底边用粗纱等密密麻麻地缝上去，这样，一双布鞋就算做好了。袜子旧时用土布做，现在一般从街上买来。

（4）装饰（佩饰）。黑衣壮的佩饰如图 2-2 所示。

图 2-2  黑衣壮的佩饰

1）黑衣壮女子的发式，在成年前头发可顺其自然，但成年后，就要按要求改装发式。成年以后的发式一般要梳理成缩髻，把头发梳成一束，结成髻，置脑后。用白头巾沿发际将头发垫上，头髻插着班簪、头笼、头叉、头花等。头笼和头叉交叉插上，起着固定作用，后再插上 6 朵头花，并用一条玉环珠（有黑色、红色、蓝紫色）绕着 6 朵头花，头龙为银制，刻有龙样，还有其他花纹，班簪也是银制，刻有玫瑰花纹图案，或其他花纹图案。如果脏了，则用洗衣粉或木炭来擦洗，头花共有 6 朵，为未婚女青年或已婚但尚未落夫家所带，而已落夫家的妇女则只带头叉。盖上头巾后，6 朵花及头叉、头龙、班簪仍露在外面，以显示美。

2）耳饰。黑衣壮的女婴满三日，即在耳垂处用锥刺扎穿孔，并用红线穿孔作结。成年后以拴挂耳环、耳坠，或玉珠等饰物。耳环、耳坠一般用银制作，玉珠则多为购买。如今黑衣壮妇女所戴的耳环，大多数是家传，或是出嫁时，从娘家带来的"浮财"（首饰之类）。

3）颈饰。黑衣壮妇女所戴项饰主要有项链、项圈等，多为银质。项圈有大小两种，同时戴上，大的项圈双面都雕刻有草叶、花纹的图案，小的项圈刻有动物（如猫头）的图案。银项圈上扣着两串银链，垂吊胸前，项链有的用银质自制，有的在市上买，有的用石珠、石管等材料制作。

4）手镯。妇女喜爱戴手镯，手镯有圆圈形的，也有圆筒形的，一只手戴2个，共4个，以银制成，在制作银手镯时，妇女们喜欢在手镯上有规则地雕刻各种动植物的图案，或燕子、或太阳、或草木、或花纹，做工精细。

5）戒指（指环）。黑衣壮妇女所带的指环主要有金、银戒指和玉石翡翠戒指等。还有的妇女为了方便做针线活，如纳鞋底、袜等，也经常戴着顶针戒指。戴戒指不单纯是为了装饰，同时也标志着一个人的社会地位、年龄、性别等，如订婚戒指、结婚戒指等。

妇女服饰中还有围裙，在冬天穿戴，做家务活时也穿戴，围裙还可以用来包扎东西。

### 2.2.1.2　隆林壮族服饰

（1）妇女服饰。隆林壮族妇女服饰具有浓厚的民族特点。委乐一带壮族妇女穿短衣、长裤和短裙。衣短齐腰，黑白蓝三色，右襟纽行从颈口往右下腋开，右腋下和衣襟边系上条带。白衣和蓝衣颈后绣有花边，绕至颈前。黑衣的缝制更为讲究，用黄绸缎作底，然后用各种花线按一定图案绣上，并在衣的边、角、袖、领绣上各种花纹图案，嵌上黄、红、黑边，显得格外端庄艳丽，如图2-3所示。裤长至脚底，多为黑色土布，式样与唐装裤相同。裤外的短裙与苗族的百褶裙相仿，但在裙的两侧佩有两条长短不一的绣带，带的末端接有彩须穗子，系扎

图2-3　隆林沙梨壮族服饰

时从前腰往后绕，短带垂吊于后腰，长带绕前紧束后沿两腿垂吊，穿着起来十分端庄艳丽。妇女以黑衣、黑裙为礼服，只有结婚、赴宴做客、新年初一以及其他喜庆活动和冬天才穿上。白衣短裙为平常的劳动服，布质比较粗糙。妇女们认为短衣短裙配长裤可以遮羞，冬天可御寒，热天时把裤脚卷起来劳动也方便。1945年国民党政府强迫妇女改装；中华人民共和国成立后，宣传民族政策，大部分妇女又恢复短衣短裙长裤服饰；此后，穿这种服饰的妇女就极少了。现在委乐的妇女穿的服饰和者浪、者保一带壮族妇女已无差异。

　　者浪、者保、扁牙一带的妇女穿唐装。新中国成立前，她们穿的都是自纺自织的花方格布、直纹白布和用蓝靛泡染花方格布三种。花方格布和白布做内衣和包头巾，黑布做外套。新中国成立后，青年女子普遍穿从商店购买的蓝色和绿色土林布做的衣服。上衣长及腰，黑色羽绒为裤。现在大部分青年女子用高级布料制衣。裤子为西装，上衣剪裁缝制得体，穿起来有线条又合身，衣扣衣边也是新式的，左襟衣边用不同色布嵌镶，形成明显的线条，华丽得体，似舞台上演员穿的戏装。

　　革步一带壮族妇女的服装比较古老而独特，如图2-4所示。上衣既宽且长，分有内衣和外衣，外衣衣袖宽而短，内衣袖窄而长，内外衣形成两层衣袖，每件衣袖各用蓝布条缝制形成三个圈，外衣衣颈圆形无领，上胸用三条一寸宽的蓝布条按左弯至右下腋嵌上，右下腋开襟，有五颗布条扣，胸右下侧衣襟边各配有两

图2-4　隆林革步壮族服饰

朵由三颗银铃组成的银花。衣服和裤子都用自己纺织的土布制成，但上衣布质比较讲究，一般都用"花肖"和"郎泥"缝制。"花肖"是一种布面呈小方块的图案，"郎泥"是一种布面呈小麦穗的图案，制作工艺复杂，用蓝靛泡染而成。现在革步青年女子的服装已向者浪壮族服装演化，有的已逐步汉化，只有老年妇女还保留古老的服式。

（2）男子服饰。大约近百年前，隆林壮族男子衣服是大襟，没有衣领，右襟的上衣扣子扣到右边，有的用铜扣，有的用布扣。衣袖宽七八寸，长到手心，反摺一层，衣长盖过裤带两寸。民国时期，与汉族来往较多，受其影响，改穿唐装。现在青年男子的服装已普遍现代化，西裤西装、牛仔衣裤、喇叭裤、花衣服等已普遍流行，特别是县乡镇所在地，更是五光十色。

（3）包头巾和鞋。妇女包头巾有蓝、黑、白三种，黑的长6尺，一端织有网状的格子，末端有长约3寸的垂线。白头巾长2尺，两头织有黑色或绿色花纹成方格图案，末端有白色垂线约3寸长。者浪一带的白头巾两端绣有蝴蝶、水浮花、桐果树花、松树叶等花纹图案，精致美观，俗称花头巾，壮语称"便那虽"。男子包头巾有黑白两种，式样和长短与妇女的包头巾一样。这些头巾都是自织自染的。白头巾是在热天和劳动时戴用，黑色头巾只在节日、办喜事、赴宴和冬天戴用。

妇女的鞋有花鞋、便鞋和草鞋三种。现在已普遍穿胶鞋、方口布鞋和塑料凉鞋。男子过去有布鞋和草鞋两种，现在穿解放鞋、皮鞋、球鞋和塑料凉鞋等。

（4）女子饰物。15岁以上的女子头发结成发髻，垂在脑后，插上横、直簪四五支，垂有银链，并用红线绕系。女子喜欢戴耳环，贫家女子戴锑环，中等人家戴玉环，富裕人家戴金、银耳环。

### 2.2.1.3　果化菜巾

平果县果化镇南部山区的壮族有一种具有多种功能被视为宝贝的特别菜巾，这种菜巾，当地妇女每人都有一两张。

菜巾，是由一块长80厘米、宽60厘米的黑布，加一块长60厘米、宽15厘米的白布组成的，把白布连接黑布的一头作为巾头，再在巾头两个角缝上两条各1米左右的带子。使用时，把巾头在腰前一围，像穿裙子一样，带子绕腰一周或两周后系在一起，便成了裤子防脏外套（如围裙），做耙田犁地等脏活时，把巾尾垂下的两个角收起给带子系住，就成了一个拴在腰前的袋子，即可往里面装东西。可以用来捡猪菜、摘野果、捡豆、收南瓜，特别是用来收玉米更为合适，减少拿箩筐进玉米地的麻烦。收玉米时，箩筐可以放在地头，当菜巾内收集的玉米达到一定程度（一般为20公斤）才回地头装筐一次，十分方便，解下菜巾，可以作睡单、坐垫、肩垫，也可以做防蚊防寒头巾、背带、襁褓。菜巾是果化镇山区妇女必不可少的一件宝，不可小看，它可以展示出一位妇女（或女主人）的勤劳与能干。

## 2.2.2　饮食文化

百色壮族习惯于日食三餐。早、中餐比较简单，一般吃稀饭，晚餐为正餐，多吃干饭，菜肴也较为丰富。大米、玉米是百色壮族地区盛产的粮食，自然成为主食。制作方法多种多样，比如大米有籼米、粳米、糯米等品种。平时用于做饭、煮粥，也常蒸成米粉（类似面条，有汤食、炒食之分）食用，味道鲜美可口。粳米、糯米还可泡成甜米酒即醪糟，营养丰富，在冬天常吃能起御寒滋补作用。糯米常用做糍粑、粽子、五色糯米饭等，是壮族节庆的必备食品。玉米也有糯玉米与有机玉米之别，有机玉米用于熬粥，有时也煎成玉米饼。玉米粥是山里壮族人最常吃的。有些地方还有吃南瓜粥的习惯，即先将瓜熬烂，加玉米面煮熟即可。糯玉米磨成面后，可做糯玉米粑，或捏成鸡蛋大小的面团（内可包有糖、芝麻、花生等馅料），再用水煮熟，与其清汤同吃，与汉族元宵相似，色味俱美。甜食是壮族食俗中的又一特色。糍粑、五色饭、水晶包（一种以肥肉丁加白糖为馅的包子）等均要用糖，连玉米粥也往往加糖。日常蔬菜有青菜、瓜苗、瓜叶、京白菜（大白菜）、小白菜、油菜、芥菜、生菜、芹菜、菠菜、芥蓝、蕹菜、萝卜、苦麻菜，甚至豆叶、红薯叶、南瓜苗、南瓜花、豌豆苗也可以为菜。以水煮最为常见，也有腌菜的习惯，腌成酸菜、酸笋、咸萝卜、大头菜等，快出锅时加入猪油、食盐、葱花。百色壮族对任何禽畜肉都不禁吃，如猪肉、牛肉、羊肉、鸡、鸭、鹅等，有些地区还爱吃狗肉。猪肉是整块先煮，后切成一手见方肉块，回锅加调料即成。百色壮族自家还酿制米酒、红薯酒和木薯酒，度数都不太高，其中米酒是过节和待客的主要饮料。图2-5～图2-7是百色壮族的几种特色食物。

图2-5　靖西五色糯米

图 2-6　隆林腊肉

图 2-7　隆林黑粽

## 2.2.3　节日文化

　　壮族人民能歌善唱，右江一带称为"欢"，是唱山歌的意思。有定期举行的唱山歌会，称为歌圩。歌圩日期各地不同。以农历三月初三为最隆重。大山歌圩有万人以上参加，内容有请歌、求歌、激歌、对歌、客气歌、推歌、盘歌、点更歌、离别歌、情歌、送歌等。歌圩期间，还举行男女间的抛绣球等娱乐活动，这期间，各家各户吃五色糯米饭。过去，壮族一年种一造（即一季）水稻，三月初三是备耕时间，歌圩就是为春耕农忙做物质的和精神的准备。吃五色饭、五色蛋，是预祝五谷丰登的意思。

唐代，百色壮族已有舞蹈，如春堂舞以春米为内容，以敲击声伴舞。宋代有扁担舞、采茶舞、捞虾舞、春牛舞等，男的舞姿刚健有力，女的婀娜多姿，这些舞蹈都流传至今。在汉族戏剧的影响下，大约在清代，壮族开始出现戏剧。一种是用壮语演唱的壮剧、师公戏、木偶戏；另一种是在民间歌舞基础上发展形成的歌舞剧。壮剧又分为流行于田林、西林、百色一带的"北路壮剧"和流行于靖西、德保一代的"南路壮剧"。"北路壮剧"是在滇戏的影响下，于民间说唱曲艺"板凳戏"的基础上形成，吸收了滇戏的唱腔，伴奏的乐器有壮族的马骨胡、葫芦胡、木叶和汉族的笛子、三弦、二胡。流行于靖西、德保一代的"南路壮剧"，是在马隘土戏的基础上，受邑剧影响而形成演唱合一的戏曲形式，伴奏乐器除本民族的马骨胡、葫芦胡外，还采用了邑剧的文锣、武锣、大钹、小钹、二胡、三弦、笛子、鼓、梆子。

### 2.2.3.1 百色壮族山歌

壮族嘹歌是因为其唱法中每一句都有"嘹—嘹—嘹"作为衬词拖腔而得名。在壮语中，"嘹"含有"唱歌玩乐"的意思，是壮族"好歌""以歌为乐"的民族文化心理的生动体现。因此，壮族嘹歌之名源于壮族"以歌为乐"、好唱"嘹嘹（辽辽）之歌"的习俗，其本意是"男女恋情之歌"。

壮族嘹歌不只是某个历史时期的作品，而是壮族古代民歌发展到一定阶段的产物。晋代《交州记》中就有壮族先民"乘牛唱辽辽之歌"的记载。今壮族地区许多民歌演唱都有"辽罗""辽辽罗""辽啦""啦辽啦"等衬词。这"辽辽之歌"就是壮族嘹歌形成的基础。从壮族嘹歌所反映的内容看，其最后形成的时间是在明代，随着治所在今平果县境内的思恩府的社会文化的发展，出现了一批兼通壮汉文化的壮族文人，他们用古壮字把流传在民间的壮族嘹歌记录整理起来，并进行了一定的删改、加工和规范，使之得以以口头和书写两种方式传播。

壮族嘹啰山歌：山歌唱不尽醉人嘹啰音

男：二三月里花烂漫，我随众人去游玩，来到河边到处转，见到桃花不回还。

女：二三月里花开放，我与姐妹来游春，河边桃花多娇艳，花开单等赏花人。

男：哥哥这边走又停，想飞不能迈步难，想飞翅膀展不开，想走频频回头看。

女：妹妹心里好迷茫，难飞难走几徘徊，飞了恐怕别人怪，走了怕失哥的爱。

#### 2.2.3.2　德保南路壮剧

德保壮剧剧目繁多，主要剧目有《赤叶河》《宝葫芦》《水火衣》《红铜鼓》等。现在每年春节南路壮剧调演晚会上，《宝葫芦》仍在上演，德保南路壮剧的表演角色也有分工，行当大略分为生、旦、净、丑四行，伴奏主要乐器是马骨胡，配胡有土胡、二胡，还有三弦或秦弦和笛子等。打击乐有文、武锣，大、小钹和木鱼。1955年3月，德保壮剧《宝葫芦》和民间舞蹈《捞虾舞》到北京参加全国群众业余音乐舞蹈观摩汇报演出，周恩来等党和国家领导人观看了演出，两个节目均荣获优秀节目奖。业界普遍认为，就是这次演出，确立了壮剧在中国少数民族剧坛上的地位。但在近十几年里，在大环境的影响下，听南路壮剧的80后、90后越来越少，演员的表演越来越不见起色。老艺人们担心，一度喜闻乐见的德保南路壮剧，就要渐渐淡出人们的视野。图2-8所示为德保壮剧《第一书记》的剧照。

图2-8　德保壮剧《第一书记》中书记刘萤开座谈会研究全村产业脱贫大计

#### 2.2.3.3　田林北路壮剧

北路壮剧最早出现在清朝初期，在经历漫长的历史演变之后，形成深受桂西北地区壮族群众喜爱的成熟剧种。在当前现代化的冲击下，北路壮剧作为传统民间民族文化面临着巨大的考验。2006年，壮剧被列为国家第一批非物质文化遗产保护名录，田林县以此为机遇，从2007年开始，每年4月都会举办壮剧艺术节，以展示当地民间壮剧的特色和魅力，保护北路壮剧得以延续。图2-9所示为田林北路壮剧《欧贝》剧照。

图2-9　田林北路壮剧《欧贝》剧目表演现场

### 2.2.3.4　广西田阳敢壮山壮族歌圩

田阳敢壮山歌圩起源于祭奠壮族祖先布洛陀的活动。传说农历二月十九是民间传说的布洛陀生日，历史上田阳附近的壮族群众从这一天开始到农历三月初九都会自发前往敢壮山（见图2-10）祭拜传说始祖布洛陀。整个活动开始于农历

图2-10　田阳敢壮山

二月十九的迎神归位，至三月初六止为祭拜布洛陀的时间，三月初七、初八、初九为对唱山歌时间。据史书记载，这一祭祀传统自隋唐时期就已经形成，如今仍在延续。尤其是每年的农历三月初七到初九，前来拜祭的壮族群众都要唱山歌，久而久之，就形成了广西壮族自治区规模最大、历史最古老的敢壮山歌圩。图2-11 所示为广西田阳敢壮山歌圩表演活动。

图2-11　广西田阳敢壮山歌圩表演活动

## 2.2.4　礼仪习俗

百色壮族人民热情好客，到壮族村寨任何一家做客的客人都被认为是全寨的客人，往往几家轮流请吃饭，有时一餐饭吃五六家。平时也有相互做客的习惯，比如一家杀猪，必定请全村各户每家来一人，共吃一餐。招待客人的餐桌上务必备酒，方显隆重。敬酒的习俗为"喝交杯"，其实并不用杯，而是用白瓷汤匙。

壮族的婚姻，过去是父母包办，但婚前恋爱是自由的。富有人家纳妾，劳苦人民是一夫一妻。盛行"不落夫家"或"坐家"，现在有些地方还保持这种习俗。青年男女结婚后，新娘便返回娘家居住，遇重大节日和农忙时节才到丈夫家短暂居住，直到怀孕之后才长住婆家。因此，"不落夫家"的时间为三至五年不等。在历史上，"不落夫家"期间有性自由，后来认为这是一种不正当的行为，遭到严禁，违者会被处死。现在恋爱自由，婚姻自主。

百色壮族住房多数与当地汉族相同。部分地区居民住"干栏"（又称"麻栏"），分上下两层，楼上住人，楼下养牲畜和堆放杂物。近三四十年来，这种建筑形式已有改变，实行人畜分居。客人到家，必在力所能及的情况下给客人以最好的食宿，对客人中的长者和新客尤为热情。

饮食方面，喜吃腌制的酸食，以生鱼片为佳肴。主食是大米和玉米。年节时，用大米制成各种粉、糕。妇女有嚼槟榔（也称吃蒌）的习俗。结婚送聘礼时，槟榔是必须赠送的礼物。用餐时须等最年长的老人入席后才能开饭，长辈未动的菜，晚辈不得先吃。给长辈和客人端茶、盛饭，必须双手捧给，而且不能从客人面前递，也不能从背后递给长辈。先吃完的要逐个对长辈、客人说"慢吃"再离席；晚辈不能落在全桌人之后吃饭。

## 2.2.5　历史文化遗产

壮族铸造和使用铜鼓已有2000多年的历史。迄今，在壮族地区的绝大多数县里已发掘出不同时期的铜鼓。铜鼓的类型很多，大小不一。鼓面圆平，鼓身中空无底，装饰着各种图案花纹。在历史上，铜鼓既是乐器，也是权力和财富的象征。从冶炼技术和造型技术来看，在广西田东县锅盖岭出土的铜鼓属于战国时期，在广西西林县出土的属于西汉时期，这些铜鼓均已达到相当高的水平。

壮锦是壮族人民享有盛名的纺织工艺品。它用棉纱和五色丝绒织成，花纹图案别致，结实耐用。壮锦的生产，远在1000多年前的唐、宋时代就有记载。到了清代，壮锦生产已遍及壮族地区，成为壮族人民的被服所需和市场的畅销品。中华人民共和国成立后，壮锦得到新的发展，花纹图案不断创新，应用范围也越来越广，如壁挂、台布、坐垫、沙发布、窗帘等。现在广西靖西生产的壮锦，畅销国内外。

武术活动在壮乡不仅有悠久的历史和传统，而且有独特的习俗。如明代桂西壮人，男孩长到十来岁，就要教他练武。当地土司提倡群众习武，群众也崇尚武术，每年冬闲时节，壮乡的各个村寨都延聘师傅传授武艺。这种习俗经久不衰，一直延续到新中国成立前后，而今壮乡的传统武术又进一步恢复发展起来。

## 2.2.6　宗教信仰

壮族除祭祀祖先外，还有自然崇拜，如祭祀山神、水神、土地神、灶神、太阳神等。唐宋以后，佛教、道教先后传入壮族地区。近代以来，一批传教士到壮族城镇建立基督教、天主教教堂，发展教徒，但影响不大。

# 3 中职学校传承发展区域民族文化的必要性及现状

## 3.1 学校传承发展区域民族文化的必要性

当今，全球文化与经济的一体化使区域民族文化处于劣势，在民族地区，文化交流在很大程度上是发达国家及国内主流文化的单向输入，区域民族文化传承面临着严峻的挑战：一是民族文化的生存和发展面临着危机；二是民族文化传承的固定空间被打破。从第 2 章对百色区域民族文化的概述可以看出，历史上百色民族文化有多种传承模式，然而，现今的百色壮族地区，传统的民族文化已在很大程度上丧失了原有的生存基础，各种传承的途径都出现了不同程度的削弱，民族文化的传承陷入了困境。而在这种形势下，中等职业学校教育担负起传承民族文化的重任也就显得非常重要。

### 3.1.1 学校民族文化传承与创新的理论基础

#### 3.1.1.1 多元文化教育理论

多元文化教育理论（Multicultural Education Theory）得到学界认同度较高的定义是由詹姆斯·班克斯提出的，他认为，多元文化教育指在多民族国家中，为保障持有多种民族文化背景者，特别是少数民族和移民的子女能享受平等的教育机会并使他们独有的民族文化及其特点受到应有的尊重而实施的教育。多元文化教育理论的宗旨是为来自不同社会、文化及种族背景的孩子创造平等的受教育机会，使主体民族和少数民族都能接受文化多样性，彼此包容、尊重及互相理解。该理论是以平等观念为基础，它研究不同文化群体的学生之间的差异及其对学校教育的影响，并致力于创设一定的环境、通过适当的方式，差别对待不同的学生，使其得到充分发展。文化多元和教育平等是其理论核心。

我国民族地区中职学校的学生来源于少数民族和汉族，多元文化教育理论指导下的学校教育致力于在融合过程中保护少数民族群体和强调少数民族多元文化的共存，该理论引发我们思考如何更好地进行多元文化教育实践。比如，少数族群文化与主体文化相比，具有明显的特征，如何在职业教育中向学生渗透"文化差异"不等于"文化优劣"；并不是所有的文化都能通过职业教育传承，如何去筛选符合职业教育教学规律的教学内容；民族地区多处经济欠发达地区，如何保障少数民族学生接受职业教育的权利；如何优化民族地区中职学校的专业设置、课程内容，从而在职业教育中营造一种支持多元文化教育的环境，促使学生更好地去体验文化的多样性。

### 3.1.1.2 多元文化整合教育理论

多元文化整合教育理论（Multicultural Integration Education Theory）也称"多元一体化教育理论"，它由我国教育人类学专家滕星教授首创提出，该理论认为"教育在担负人类共同文化成果传递功能的同时，不仅要担负本国主体民族优秀传统文化的功能，而且也要担负起传递本国各少数民族优秀传统文化的功能"。多元文化整合教育理论的教育对象不仅包括少数民族学生，还包括主流民族学生，其教育内容除了主体民族文化外，还有少数民族文化的内容。少数民族和主体民族除了学习本民族文化外，还要学习其他民族优秀传统文化。"多元"与"整合"教育是相辅相成的，多元要围绕整合实施，整合要结合多元发展。多元文化整合教育理论对民族地区的职业教育实践提出了更高的要求。与区域经济发展紧密联系的职业教育内容往往聚焦于现代技术、技能、技艺等内容，对于民族传统技艺、艺术在内的民族文化较少涉及，出现了所谓的"传统"与"现代化"之争。其实，现代化的实现本身就包括民族传统文化的现代化，即包含现代科学技术和科学方法在民族传统文化中广泛使用。以培养应用型人才为己任的职业教育，在民族地区这一民族文化意蕴浓厚的区域中，应当将少数民族优秀传统文化渗透到自身的发展中。为此，要推动民族地区职业教育更好实现多元文化整合教育，课程改革势在必行。

### 3.1.1.3 教育人类学理论

教育人类学理论（Educational Anthropology Theory）将人类学的概念、理论和方法应用到教育研究领域，以阐释教育与文化、民族和种族的关系。该理论的核心和基本概念是"文化"，从人类发展与文化的关系来考察文化，把保护和传承文化的多样性作为其基本理念。该理论的基本观点认为教育是文化的一种生命机制，教育过程是对文化的选择、重组、传递、传播和创新的过程。学校教育的社会文化背景以及文化传递的连续性、间断性和可教育性的关系，是其基本研究内容，实地研究和参与观察是其基本研究方法。

以应用型人才为培养目标的民族地区职业教育，在培养少数民族舞蹈表演、手工技艺等民族文化类技术技能型人才中有着不可替代的作用。尤其是现代职业教育体系建设过程中对于现代学徒制的倡导，能够提升民族文化传承的有效性。教育人类学理论的理论观点和其研究方法，为我们重新进行民族地区职业教育的价值审思、功能定位提供了一个崭新的研究视角。我们应当尝试这样构想，如何在民族地区通过职业教育，这一发展基础较弱、社会认知度较低的教育类型，去传承濒危的少数民族传统技艺、传统工艺、传统艺术，延续少数民族文化传承，并使其融合焕发出新的活力。为此，本书借助该理论的研究视角去探寻被忽视的民族地区职业教育的文化教育功能。

总之，功利主义、技术主义导向下的职业教育重视学生对于"现代性"职业工作岗位普遍意义上所要求的知识与技能的习得，融入了民族传统文化的职业教育专业设置、课程开发的举措较少，一定程度上忽略了民族地区职业教育发展所依存的文化背景。民族地区职业教育发展不能一味迎合我国现代化、工业化、信息化进程中涌现出的新职业、新岗位，而置其"民族"特征于不顾，这也不符合职业教育的"区域性"特征。

上述三种理论基点和学科视角是职业教育研究经常性忽视的研究立足点，指明了我国民族地区职业教育改革与发展的方向，为其肩负起推动民族文化传承和创新职责提供了理论基础和方法论支持。

## 3.1.2   区域民族文化的当代传承困境

人类学家认为，文化的变迁是一切文化的永存现象。的确，在历史的长河中，任何事物都是在不断发展和变化着的，然而，这种文化变迁的驱动力主要是来自文化主体的外部，主体处于被动适应的情况下，难免会被迫放弃或牺牲传统文化中许多有价值的东西。这种变迁的一个显著特征便是民族心理的变迁。费孝通先生曾指出，心理素质"这个特性可能比其他的特性在形成和维持民族这个人们共同体上更显得重要"。而民族心理是指一个民族作为一个大群体所具有的典型心理特点，也包括该民族成员身上所表现出来的个体心理特点。换言之，民族心理包含群体民族心理和个体民族心理，族际关系的存在及该群体内部社会生活方式在人们心理上的共同反映即为群体心理。而一个民族心理特征就表现在该民族的传统文化之中。近现代以来，地域的开放性、经济的发展、交通的发达与便利，使得百色壮族与以汉文化为主的社会交流密切，加之大众传媒的冲击，百色壮族心理发生变迁，传统民族文化的传承面临着一定的危机。尤其是随着近年来百色地区与外界社会交流的增多，兴起了打工热、旅游热，壮族传统文化的生存空间更是受到了前所未有的挤压。下面仅以百色壮族语言传承困境为例论证。

（1）来自旅游业的冲击。正如有研究显示的那样，旅游业可以通过3方面使语言发生变化：

一是经济变化。由于旅游发展而产生的就业机会往往被非本地人所得，当地人不得不用壮语以外的语言与外面的人进行交流。外面的人所显示的物质优越感和他们的言谈举止会使当地人对外面的世界产生兴趣，为了追求同样的社会地位，本族群的人会积极地学习他族语言。

二是直接的社会交往。在旅游地，游客和当地居民在各种情况下进行直接交往，尤其是零售商和其他服务行业里的当地人，他们只有用游客的语言才能与外面的游客沟通。

因旅游业的发展而带来的同化力量严重地威胁着壮族语言的传承，而本族语言的衰弱则会动摇旅游地稳固的社会模式和文化特征。在这方面，百色地区的右江河谷首当其冲，如百色以当年邓小平等人领导的百色起义闻名于全国，百色起义纪念馆 2006 年被授予"2006 年中国红色旅游十大景区"称号，2007 年荣获"国家 AAAA 级旅游景区"称号，国内外游客纷纷而来。百色市 2017 年共接待海内外游客超过三千万人次，百色壮族人民每天都会与外来游客接触，为不影响与外面游客的语言交流，壮族只能抛弃自己的语言以方便与外来游客进行沟通，壮族语言文化的内部结构受到了严重的影响。

（2）现代媒体语言对壮族青少年学习本族语言的影响。媒体语言是指各种媒体对语言文字的使用方法、过程及结果，具体包括报刊语言、广播语言、电视语言和网络语言。除了家庭、学校之外，青少年接触社会的主要窗口、手段及途径就是媒体，因此，媒体是广大青少年社会化的重要因素之一。以手机为例，近年来随着壮族地区手机的普及，手机成了青少年了解外面世界的"窗口"，也是他们休闲娱乐的主要方式之一。汉语言对青少年价值观的影响，具体地体现在青少年语言习惯的形成和语言意识的培养方面。作为推广普通话的样本，电视语言深深地影响了广大青少年的语言习惯，使其渐渐淡化了学习本民族语言的意识。

（3）壮族语言使用价值的弱化。随着壮族地区外出"打工热"的兴起，壮语与普通话等"外来语"相较而言，其价值明显处于劣势，这影响了父母对待孩子学习自己语言的态度，从而也影响了壮族语言的传承。例如"北路壮剧在职业学校的实践与传承研究"子课题组老师在田林县浪平乡央村对 23 户村民进行调查，当被问及"您在家和孩子是用壮语还是汉语讲话"的问题时，他们对此做的回答统计如图 3-1 所示。

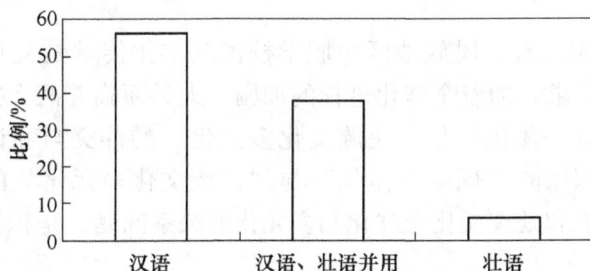

图 3-1 壮族家长与其子女在家用何种语言交流比例统计图

这里三种情况都不是绝对的，图中"汉语"，是指以汉语为主，"壮语"是指以壮语为主，"壮语、汉语都讲"是指两种语言使用频次差不多。如今，百色地区义务教育也早已普及，壮族地区的生产、生活方式在改变，其民族心理也悄然发生着变化。许多壮族家长认为孩子们只需要在学校学习知识即可，没必要再学习那些父辈们曾学习的东西。例如，当"黑衣壮文化传承发展的研究与实践"子课题组老师对中职学校里开设一些壮族文化的课程（如黑衣壮舞蹈、唱黑衣壮民歌等）有何看法时，他们的回答统计如图 3-2 所示。

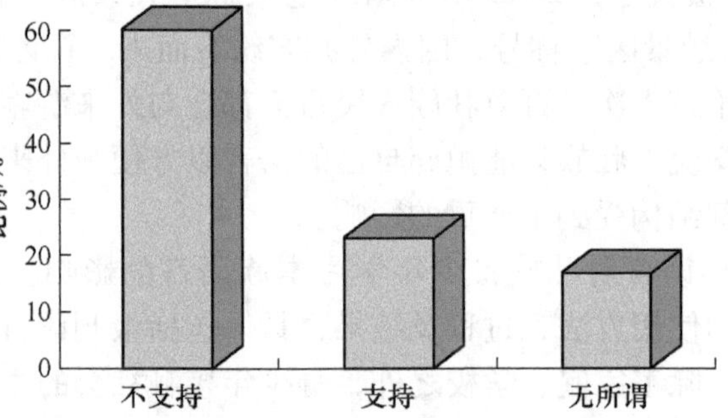

图 3-2  黑衣壮家长对学校开设民族文化课的态度统计图

另外，外出打工者多为青壮年，每逢重要节庆活动由于缺少青壮年的参与许多传统民族项目因无法进行而废止，孩子们因此缺少受教育的机会，壮族传统文化传承逐渐出现断层。正如米德所言："我开始明白，认同和义务的无常是同一个更大问题的一部分，即整个世界处于一个前所未有的局面之中，年轻人和老年人、青少年和所有比他们年长的人隔着一条深沟在互相望着。"的确，文化需要代际传延，然而这一无形的"深沟"却阻碍了民族传统文化的传承，因此出现了民族传统文化的断层，致使一些民族文化正濒于消亡。

### 3.1.3  民族文化进校园的依据

#### 3.1.3.1  理论依据

（1）从宏观层面看，民族地区中职学校民族文化传承是文化全球化和多元文化发展的必然要求。随着全球化进程的加剧，人类面临着两大挑战：一是如何理解、处理"全球一体化"与"民族文化多元化"的冲突与和谐的关系；二是如何处理多民族国家的"国家一体化"与"民族文化多元化"的冲突与和谐的问题。而正确认识和处理文化全球化和多元化的关系问题，是积极应对以上两大挑战的关键。

一方面，不同地域、不同民族的文化要渐趋走向融合，成为全球文化。全球化的两个客观表征为内容的综合性与时空的压缩性。罗兰·罗伯逊认为，"作为一个概念，全球化既指世界的压缩，又认为世界是一个整体的意识增强"。全球化具有"去民族化""去疆域化"特征，但这并不意味着要消灭民族性、疆域性，而是将民族性、疆域性纳入世界范围内考虑，在世界的相互关联中凸显民族性。正如安东尼·吉登斯所言："全球化的概念最好被理解为时空分延的基本方面的表达。全球化使在场和缺场纠缠在一起，让远距离的社会事件和社会关系与地方性场景交织在一起。"在全球化进程中，各民族国家为避免被同化甚至蚕食，都会力争保持自己的独立性。因此，全球化过程是全球化与本土化的博弈过程，全球化并非一种单一的整体，而是一个多元一体，有趋同的一面，更有多元的一面。换言之，全球化不是要放弃民族化，而恰恰是为了民族文化，因为"只有民族的才是世界的"。

另一方面，我们在承认文化全球化的同时，也要认可文化的多元化。全球化中的文化或文化的全球化，永远包含着世界的与民族的、全球的与本土的两种充满张力的要素。文化的多元化是人类社会进步的象征，是人类社会生活丰富多彩、充满活力的保障。在联合国教科文组织大会第三十一届会议上通过的《世界文化多样性宣言》的第一条和第二条中有这样一段阐述："文化在不同的时代和不同的地方具有各种不同的表现形式。这种多样性的具体表现是构成人类的各群体和各社会的特性所具有的独特性和多样化。文化多样性是交流、革新和创作的源泉，对人类来讲就像生物多样性对维持生物平衡那样必不可少。从这个意义上讲，文化多样性是人类的共同遗产，应当从当代人和子孙后代的利益考虑予以承认和肯定。在当今社会中，必须确保属于多元的、不同的和发展的文化特性。并在第三条中强调：文化多样性增加了每个人的机会，它是发展的源泉之一，它不仅是促进经济增长的因素，而且还是享有令人满意的智力、情感、道德精神生活手段。因此，不论是"全球一体"或是"国家一体"，都是在不同民族和地区的多元基础上的不可分割的整体，而非其中某个国家或民族的文化同化其他国家、民族的文化。

在上述文化全球化和多元化共同发展的背景下，学校教育作为文化传承的重要途径之一，要处理好"全球一体化""国家一体化"及"民族文化多元化"等之间的关系。具体到壮族地区来说，学校教育要担负起传递至少三类文化的功能：一是以汉族为主体的我国优秀传统民族文化；二是壮族自己的优秀传统文化；三是我国其他民族及世界其他民族的优秀传统文化。其中，壮族地区中职学校传承本民族自己的文化尤为重要，原因如下：

第一，从文化全球化的视角来看，一个民族的传统文化要走向全球化，不仅要以开放的心态面对其他文化的进入，而且要主动向外界展示自己的民族文化，要在人类的评判与取舍中获得文化认同，在不断融合的世界文化中呈现文化的多样性。为此，壮族地区应该在宽容和学习其他文化的基础上，注重对自己文化的守护和传承。而壮族地区的中职教育在传承我国主体民族文化和其他文化的基础上，更应注重对自己文化的传承。

第二，从文化多元化的视角来看，文化是一个地区重要的精神支柱，一个民族唯有维护自身文化的独特性，才能在国内外产生一定的影响，继而才能促进本地区经济和社会的发展。壮族地区中职学校在传承和发扬自身民族文化的独特性，扩大其影响方面既有一定优势，同时也负有不可推卸的责任。壮族地区中职学校民族文化传承是构建壮族地区和谐社会的必然要求。

为促进和谐社会的构建，教育面临着新的挑战：一方面，应该关注教育公平问题，尽量实施教育的均衡发展，缩小区域差距、城乡差距，帮助弱势处境的青少年改善受教育的状况，以促进社会的和谐发展；另一方面，应以构建和谐社会为目标，以促进人的全面、均衡与和谐发展为终极目的，培养各级各类人才，以奠定和谐社会的基础。对于壮族地区的中职学校教育来说，构建和谐社会的要求主要体现在以下两个方面：一是通过中职教育促进当地民族教育发展，为缩小和其他地区的差距，实现社会的公平、正义做出贡献，这就要求民族地区中职学校要不断提高教育质量，尽量缩小与发达地区之间的差距；二是通过中职教育培养具有民族自信心和民族精神的人，以期为形成普遍的国家认同与民族认同，为促进社会稳定添砖加瓦，这就要求民族地区中职学校必须关注每个学生的身心健康和可持续发展，使其找到自己的精神坐标，获得最适合自己的成长机会，实现人生的出彩。从这个意义上讲，民族地区中职学校有必要在传承国家主体民族文化的基础上，传承本民族自己的传统文化，以便使本民族学生获得国家认同和民族认同，并确定自己的最佳发展方向。

（2）从微观层面看，民族地区中职学校传承民族文化是促进本地区经济和社会发展的必然选择。民族文化进中职校园虽然在一定程度上符合民族群众发展本民族文化的愿望，但这一活动显然不能脱离群众的现实生活，否则就不会具有持久的生命力。因此，必须注意考虑如何实现民族教育、民族文化、民族经济、民族社会的良性互动问题。当下，几乎所有的经济活动和物质产品都包含着文化因素和文化内涵，文化已经成为当代经济增长的基本推动力量和社会生产力的原发性因素。因此，要摒弃那种单纯靠发展经济来促进民族地区社会发展的理念，在大力发展当地经济的同时，又要注重发展本民族文化，形成人、社会、经济和文化综合发展的良好态势。民族地区拥有丰富的民族传统文化，民族地区中职教育既要着眼于当前，通过传承传统文化技能，力促区域内文化资源的挖掘，创造文化产品，培养适合当地需要的技能人才，促进当地经济、文化和社会的全面可持续发展；又要放眼未来，通过传承壮族传统文化，培养具有民族自信心和民族精神的下一代。

### 3.1.3.2　现实依据

（1）新的学校课程改革为民族文化进校园提供了保障。根据各民族地区的差异，《中共中央国务院关于深化教育改革全面推进素质教育的决定》明确提出试行国家、地方、学校三级课程管理，我国新的课程政策要求，民族地区学校教育中"主要反映主流文化的国家课程在总课程中的比例为88%～90%，而主要反映民族性的、地方性的文化知识的地方课程和校本课程的比例为10%～12%"。而广西也积极响应国家的大政方针，采取了一系列的教育配套改革，为壮族民族文化进校园传承提供了有力保障。

（2）中职学校布局调整后，壮族学校教育与校外教育也发现了一些问题。文化知识是教育得以进行的前提和基础，不同民族由于自身所处文化环境的差异，所体现出来的文化知识侧重点也互不相同。譬如，山区的少数民族擅长攀爬和对歌交流；海边的少数民族则擅长潜水、捕鱼。学校的课程若无视这些学生的文化背景和生活世界，就会出现民族地区学生难以适应学校教育的现象。而民族文化进校园活动既能从课程内容的选择上使学校文化与家庭文化之间的非连续性得以链接，促进民族传统文化的传承与发展，同时又能在一定程度上满足不同民族个体因发展现实生活而产生的实际需求，从而对学生潜力的发展发挥重要作用。

（3）壮族学生本身存在特殊性。百色壮族地区的中职学生，其感性思维优于理性思维，但其民族心理尚未成熟，民族价值观仍需完善，如果对其仅仅实施以关注主流社会文化为主要价值取向的现代教育体系，势必会导致学校教育追求社会的均质化、地方性知识的失语，以及民族学校教育与民族社区教育、家庭教育的割裂。这种体制培养出来的人，一方面得不到当地传统社区的认可，另一方面也不能融入外界工业化社会，不仅对壮族文化传承没有帮助，对于壮族的现代化进程也不利。

综上所述，壮族在同其他民族的上千年历史交往过程中，逐渐形成了开放的文化心理。然而，由于壮族人主体意识不强，民族意识相对淡薄，面对"无孔不入"的现代文化侵袭，缺乏文化自卫，即使自己民族的传统文化销声匿迹，也无动于衷。而从文化发展的历史来看，文化的有效再生机制是教育，尤其是中职学校教育，它可以以一种最经济的方式将本民族文化和技能整合到主流文化当中，从而使文化本身具有强大的凝聚力和同构功能，使民族民间文化后继有人。相对于实物传承和文献传承，在众多文化传承的式样中，以人为载体的传承无疑是最有价值的，因为人传承的文化不仅是积累的活动的文化，与生活密切相关，而且人还可以通过创造使文化更加丰富。所以，基于上述原因，民族文化进校园并通过学校传承是非常必要的。

## 3.2 中职学校传承发展区域民族文化的现状

3.1 节对区域民族文化进校园的必要性做了分析，一方面对区域民族文化的梗概及其教育功能有了一个全面的把握，另一方面对区域民族文化传承的当代困境也有了一个清晰的认识。那么，壮族聚集地区中职学校如何承担起本民族文化传承的重任？为此，我们有必要先从壮族聚集地区中职学校教育中民族文化传承的现状谈起。

为获得第一手研究资料，笔者和课题组曾多次深入百色地区中职学校、村寨社区及家庭，就民族文化在中职学校里的传承情况进行了为期近半年的田野工作。田野工作被学者们看作"现代人类学的基石"，它是人类学研究的最主要、最基本的方法。在调查过程中，根据具体情况，采用了不同的具体技术手段，如问卷、实物收集、参与式观察、非参与式观察、半结构性访谈与非结构性访谈等方法，以获得研究的第一手资料。关于人类学的参与式观察，费孝通有一段话说得很精辟："异文化容易使人类学者能'出得来'，而参与式观察则是要求人类学者能'进得去'"。主张以异文化研究为己任的人类学者认为，人类学者在本文化中容易犯'出不来'的毛病，因而认为本土人类学者往往无法从自己所处的社会地位和文化偏见中超脱出来做出'客观的观察和判断'。不过，'异文化'的研究往往也存在'进不去'的缺点，也就是说，研究他人社会的人类学者通常可能因为本身的文化偏见而无法真正进行参与观察。笔者在进入校园、课堂和校外民族文化传承场域进行参与式观察时，均尽量保持客观的观察和判断，并注意了主客位角色的适时转换。

2008 年以来，按广西壮族自治区人民政府的统一部署，百色先后实施为期三年的职教攻坚和新一轮深化职教攻坚五年计划。直至 2017 年，全市职业教育面貌取得很大的改善，其规模和质量均有大幅提升，尤其是在推进区域职业教育特色化、品牌化发展方面取得了令人瞩目的成就。广西明确提出了于 2020 年率先在民族地区构建"传承民族文化"的现代职业教育体系。广西作为全国唯一的国家民族地区职业教育综合改革试验区，充分结合本区域内极具特色的民间艺术和技艺等民族文化，将实施"民族文化传承创新职业教育工程"纳入广西"十三五"六大民族教育工程之一。百色市按照自治区的统一部署，围绕民族文化产业发展需要，已开设了民族文化类相关专业的学校不在少数。其中，有 3 所中职学校获批为自治区级民族文化传承创新职业教育基地。

### 3.2.1 学校民族传统文化传承的现状及分析

#### 3.2.1.1 学校对壮族传统文化传承的态度调查

对"你的学校是否重视壮族传统文化的传承"这一问题，学生的回答是：

35.26%的学生选择了非常重视，33.88%的学生选择了重视，23.89%的学生选择了一般，1.31%的学生选择了不太重视，0.66%的学生选择了不重视。

教师的回答是：19.84%的教师选择非常重视，56.81%的教师选择了重视，21.4%的教师选择了一般，1.95%的教师选择了不太重视。

通过数据可见，大部分的学生和教师选择了自己的学校重视或非常重视壮族传统文化的传承。

### 3.2.1.2 课程因素对学生民族文化传承态度和掌握程度影响调查

民族文化传承的方式多种多样，包括学校教育、家庭教育、社会教育等几乎所有的教育形式。其中作为其知识体系，民族传统文化有赖于学校的系统的教育活动，才能被更有效继承和发展。我们可以看出，在少数民族地区中，学校教育和少数民族文化传承是密不可分的，相互促进共同发展，而民族传统文化传承，在学校教育中的最主要载体就是课程，学校是否重视民族传统文化的传承在课程设置、课程内容、课外活动、校园文化等方面的体现，极大程度上影响着学生对待本民族传统文化的态度和掌握程度。为了进一步了解课程方面因素对学生民族传统文化传承的态度和掌握程度的影响，将问卷中课程态度、课程内容和课程方式这三个维度与学生民族传统文化传承态度分数和测验分数进行了相关分析，结果见表3-1。

**表3-1 课程维度同学生传统文化态度及掌握程度相关分析表**

| 类 型 | 态 度 总 分 | 测 试 成 绩 |
| --- | --- | --- |
| 态度 | 0.89 ** | 0.27 ** |
| 方式 | 0.32 ** | 0.09 ** |
| 内容 | 0.35 ** | 0.03 ** |

综合以上的统计数据，可得出如下结论：学校教育中课程态度、课程内容和课程方式对学生民族文化传承态度都有显著相关，而且相关分数较高，说明无论是课程态度、课程内容还是课程方式，对学生民族文化传承态度的形成都有较强的影响，想要培养学生对本民族传统文化的积极态度，就要更加关注课程因素；通过对文化掌握程度的相关分析能够看出，主要是课程态度对学生文化掌握程度有显著影响，其他两方面都不存在显著相关，相关系数也非常小。所以，想要提高学生民族文化掌握程度的话，就要更加关注是学校、教师和学生对课程的态度。

## 3.2.2 学校传承与创新民族文化的优秀案例推介

在围绕民族文化进行教育教学改革过程中，广西职业院校涌现出了不少的优秀案例。在综合比较后，笔者遴选其中三所中职学校，涉及传统手工技艺、传统舞蹈艺术、传统戏剧表演等三种不同类型的民族文化形式，在围绕民族文化传承主题下，这三所中职学校所开展的人才培养方式改革、师资队伍建设、校企合作等方面的工作成效相对突出，工作经验相对成熟，工作方式易于共享借鉴。他们分别是百色民族卫生学校、靖西市职业技术学校和凌云县职业技术学校。

### 3.2.2.1　民族手工艺：靖西市职业技术学校（绣球、壮锦）

绣球、壮锦民族手工艺在整个壮族地区乃至全国都占有重要的地位，它是壮族民间文化的缩影，是广西壮族地区古老而优秀的文化遗产之一。其贵在享有文化的原创性，民间习俗的依存性，手工技艺及其文化载体的独特性、趣味性、实用性与观赏性，以及手工技艺及产品的传承性和民族性等独特之处。靖西地处祖国西南边陲，南与越南高平省接壤，是祖国西南地区的国际窗口之一，素有"小桂林"和"绣球之乡"的美称。随着刺绣文化的发展，"绣球之乡"的美誉更是家喻户晓了。靖西壮族织锦技艺 2006 年被列入第一批国家级非物质文化遗产名录。在历届靖西市委、市人民政府的大力扶持下，曾开展了许多发掘、抢救、保护工作，如举办刺绣培训班，成立市壮锦厂、成立市绣球协会等，收到了良好的效果。

靖西市职业技术学校是广西民族文化技术技能人才培养培训和贫困村劳动力转移培训基地，传承和发展民族工艺是民族民间文化保护工作的一项重要内容，将对继承和弘扬优秀的传统民族文化，培养民族自尊心、自信心，促进社会主义三个文明建设起到积极的推动作用。靖西市职业技术学校通过加强学校基础设施建设，逐渐改善学校办学条件，设立绣球制作室、壮锦实训室、作品展厅、计算机绘图实训室等，使学生入学时感受民族技艺的氛围。近年来，学校在民族技艺传承人才的培养上，采取以下做法：

（1）挖掘壮锦、绣球文化，寻找民族工艺民间艺人，培养民族工艺制作与非物质文化遗产传承人才。

（2）加大中职学生刺绣技能培训，促进产业结构发展。

（3）加强对民族工艺实训室的建设，把壮锦及绣球的传承从民间传统父子师徒世代相继、口传身授的传承模式推进上升为规范、系统、科学的理论及课堂式传承模式，制定一套适应于中职学生的人才培养方案。

（4）加强对靖西市职业技术学校民族文化基地建设，更新教学内容，创新教学方式与方法，培养民族工艺制作与非物质文化遗产传承人才。

（5）把服装设计工艺与刺绣文化工艺相结合，在课程设置中实现民族服装人才的培养，传承民族技艺，编制梦的衣裳。

通过这些措施，使壮锦及绣球民族手工艺得以在学校发扬光大，把壮锦及绣球的传承从民间传统父子师徒世代相继、口传身授的传承模式推进上升为规范、系统、科学的理论及课堂式传承模式，能有一套适应于中职学生的校本教材。同时，2018年自治区投入100万加强对靖西市职业技术学校民族文化基地建设，更新教学内容，创新教学方式与方法，培养民族工艺制作与非物质文化遗产传承人才。

近年来，靖西市职业技术学校在壮锦及绣球民族手工艺上取得了一定的成果。

（1）依托服装工艺设计（民族手工艺）专业的建设，学生的理论知识和刺绣专业知识等得到强化，在审美方面都有了质的变化，她们制作出来的产品也变为精美、高端，手工刺绣品无形中提高了经济效益和收藏价值。同时通过举办刺绣技术培训班，成立刺绣协会，举办刺绣技艺比赛等形式，开展刺绣技术交流，提高农村妇女的整体刺绣水平。

（2）壮锦及绣球产业的发展，推动了靖西经济的发展，也带动了旅游业，经济发展和民族文化保护得到了和谐的统一。首先，发展民族民间工艺有力地推动了地方经济的发展。从靖西绣球、壮锦的调研数据可以看出，民间文化产业确确实实给地方经济发展带来了直接的经济效益。靖西绣球、壮锦产业已成为当地经济发展的支柱产业，产量、产值逐年提高。其次，发展旅游文化工艺品是农村转移剩余劳动力，增加农民就业机会的重要途径。靖西壮绣文化品牌影响力持续增强，特别是文化与旅游的结合有力推动着全市经济社会发展。2018年，靖西市全年共接待国内外游客245.07万人次，实现旅游总收入14.63亿元，同比增长29.6%。

（3）弘扬优秀的民族传统文化和传承民间工艺，培养经济社会发展急需的民族文化艺术人才和民间工艺技能人才，使靖西市壮绣手工技艺得以传承和发展，靖西市职业技术学校要按照服装设计工艺（民族手工艺）专业及实训基地责任目标要求，通过加强学校基础设施建设，逐渐改善学校办学条件，设立绣球制作室、壮锦实训室、作品展厅、计算机绘图实训室等，与靖西市旧州刺绣技术协会、靖西市壮锦厂、靖西市富盛刺绣有限公司等3家建立了学生（员）实习、实训校企合作关系，在人才素质培养、刺绣技艺、营销等方面加以培训提高。加速靖西壮绣文化产业发展，为县域经济发展服务。为社会培训壮绣技能型人才，使其最大限度地发挥效益，为建设生态文明富裕新靖西做出新的贡献。

### 3.2.2.2 民族艺术：凌云县职业技术教育中心（瑶族长号、民间手工艺）

凌云县地处广西的西北部，古称泗城，是一个近千年州、府、县治之地历史的文化古城，聚居着壮族、瑶族等少数民族，民族民间文化资源丰富多彩。凌云县职业技术教育中心学校充分挖掘凌云县民族民间文化，着力打造了凌云县蓝靛瑶瑶族长号和凌云县民族民间手工艺两项民族艺术。

　　学校民族艺术主要依托学前教育专业进行建设。该校学前教育专业是自治区示范性专业,最早从1971年办学至今已近50年,办学历史悠久,专业功能室和专业设备齐全。本专业现有全日制在校生1100多人。该校民族艺术项目依托学前教育专业核心课程的乐理、声乐、手工、素描、琴法、舞蹈等课程进行拓展建设,学校开设了瑶族长号、二胡、扬琴、古筝、竹笛、民族鼓等民族器乐课程,开发了凌云县民间金鱼帽虎头鞋等民族艺术手工课程资源。现在,学校民族艺术实训基地建设有民族艺术大师工作室、民族艺术展厅、民族器乐室各一间,此外还有与此关联的单间独立钢琴室103间,电钢琴室、舞蹈室、民族器乐室、画室等专业实训室18个。学校与凌云县文体局、旅游局合作,积极参加各种大型活动,民族艺术长号等音乐歌舞作品以及民族手工艺作品在各种演出和展出中大放异彩。

　　A　瑶族长号

　　凌云县瑶族长号分别于2005年、2009年和2012年先后被列入凌云县、百色市和自治区级非物质文化遗产保护名录。长号是从古代的“角”衍变而来,长1.5米,薄铜片制作。它没有按键,属唇振气鸣铜管乐器,靠气息的控制,属于“八音”里的低音乐器,可以吹奏出基音和第一、第二泛音共三个声音,不同的音高代表不一样的感情色彩。

　　学校大力发扬瑶族长号这一宝贵的民族艺术,聘请瑶族长号传承人、凌云县政协委员、玉洪瑶族乡瑶族长号队队长蒋光艳和长号艺人蒋光条、邓国勇等三位蓝靛瑶师傅到校兼职任教,培养了大批号手。学校与凌云县旅游局、凌云县文体局、百色市瑶族民间文化研究会等单位合作,探讨凌云瑶族长号艺术的传承与创新,尝试与各种地方民族文艺相结合,使地方民族音乐与地方民族文艺进一步发扬光大。现在,长号演出成为学校各种大型活动的必备迎宾礼仪和节目,学校长号队也经常参加县内外各种大型庆典活动和文艺活动。

　　B　民族手工艺金鱼帽、虎头鞋

　　凌云县壮族金鱼帽、虎头鞋等是一种民间传统手工艺制作的童帽童鞋,不仅美观实用,民间还有驱鬼辟邪保平安之意,是凌云县壮族人民智慧的结晶。儿孙满周岁,为儿孙绣制一双虎头鞋和一顶金鱼帽是老一辈人的习惯。金鱼帽分男女,男帽帽圈镶鸟,蕴意展翅高飞,才华横溢,帽顶红色绒球蕴意鸿运当头。女帽帽圈镶画,帽顶蝴蝶为主,蕴意女孩像花一样美丽。虎头鞋不分男女,在孩子满周岁的时候送的礼物,老虎蕴意虎虎生威、虎头虎脑。

　　由于时代的变迁,这些传统民间手艺正不断地消逝。该校依托民族文化传承创新项目,深入调查,发现凌云县现仅存两位老人会此工艺,一位是1929年出生的梁春荣老人,一位是1943年出生的黄美松老人。该校依托学前教育专业,开设民族手工艺传承课程,创办民族手工艺大师工作室,聘请两位老人到校上课。学校姚翠华老师在两位老人手把手的学徒式教学指导下脱颖而出，并以此为研究对象，撰写了她的硕士毕业论文《非物质文化遗产传承人在中职学前教育手工课程的教学研究——以凌云县为例》，成为本项目非物质文化遗产传承师资骨干带头人。该校会同凌云县民族事务局领导，整理收集民族文化资源，编写了《传统工艺金鱼帽 虎鞋 猴子抱金瓜制作》作为学校民族文化传承创新项目的校本教材。现在，凌云县旅游局把学生的作品确定为地方特色旅游纪念品，很多到凌云的外地游客对我校民族手工艺作品很感兴趣，喜欢购买收藏，学校民族手工艺作品开始逐步走向市场，民族文化传承创新在学校奇葩绽放。

### 3.2.2.3 壮医药适宜技术：百色市民族卫生学校（中医康复保健专业）

**A 校园种植"观赏兼药用"中草药圃**

校园文化是一所学校综合实力的反映，它是一种文化，也是一种环境、一种氛围、一种精神的体现。目前百色市民族卫生学校"观赏与药用"中草药圃（包括壮药）面积1700平方米，种植中草药近400种。在校园绿化带种植中草药、壮药植物，集教学与环境为一体，具有教学课堂、见习场所、实习基地的功能，同时，它又能起到遮阴、美化校园及观赏的作用，为师生营造一种潜移默化的教育环境，使师生在校园内日常的工作、学习、生活中都能感受到中草药的观赏魅力与药用吸引力，从而爱护、关注、认识中草药，并对其养生、保健、治疗功效感兴趣，乐于学习中医药课程，形成浓厚的中医中药、壮药文化氛围，助推民族特色校园文化建设进程。

**B 建成广西最有特色的壮医药展示馆**

学校依托广西中等职业学校民族文化传承创新基地建设项目，于2016年建成广西最有特色的壮医药展示馆，壮医药展示馆占地面积150平方米，其中，壮医药文化长廊30平方米，主要内容有：壮医药展示馆门牌、壮医药展示馆简介、壮族药农采集壮药精美图片、十多项壮医适宜技术图片展示以及古代十大名医图片。馆内展示室120平方米。四周设置有明亮照明设施并且充满各种壮族元素的展示柜，配有全国中草药分布沙盘、中草药电子查询系统、具有特色的顶灯、玄关空调等。馆内分区明了，独具特色：（1）"壮药精品展示区"，收藏壮药生药标本100种，壮药、中药浸制标本120种；（2）"常用生药标本展示区"，囊括目前常用中药500种；（3）"中药伪药标本展示区"，展示有目前国内常见的伪药假药300种；（4）"蜡叶标本展示区"，有蜡叶标本160种；（5）"经方验方展示区"，展示了常用经方验方40组。展示馆建成以后，吸引了广西乃至周边省份的兄弟单位前来参观学习，得到了他们的一致好评。

**C 建成具有一定规模的壮医药适宜技术实训室**

百色市民族卫生学校依托广西中等职业学校民族文化传承创新基地建设项

目,于 2017 年建成教学技术一流,设施完备、功能齐全、管理完善的综合性开放式"壮医药适宜技术实训室"。总投入 100 万元,建设面积 160 平方米,购进中医、壮医先进设备 21 台套,实训工位 80 个。满足了学生在校学习期间的壮医药适宜技术实训教学需求。还开发了校本教材《壮医药适宜技术》,收集了 21 项民间壮医药适宜技术,为学生提供合理而实用的教材。

D　利用实训基地开展各项培训及活动

(1)对在校生培训中医、壮医适宜技术。自 2016 年以来,学校对在校生进行壮医中医适宜技术培训,培训人数近 3000 人,培训内容是十多项壮医中医技术,目的是通过培训,使学生掌握壮医中医技术,将来在基层卫生领域更好地为老百姓病痛患者服务。

(2)学校中医药协会促进校园文化建设的各项活动。学校中医药协会成立至今已经有十三个春秋,每年在校会员近 2000 人。中医药协会以"贴近专业学习中草药知识"为宗旨,通过野外识别采集中草药,校内种植养护中草药,多媒体课件学习中草药、中草药知识竞赛等多种形式学习中草药知识。中医药协会也是参加各类社会公益活动、晚会活动的积极社团,是目前校内会员最多、活动内容最丰富、会员组织纪律性较强的重要社团。

上述三所中职校在培养民族文化类应用型人才方面均取得了一定的成绩,为民族文化的传承提供了人才支撑。但他们各自在人才培养过程中具体做法不同,各具特色,在培养民族文化传承人才的过程中,有的主动调整专业设置,贴近区域民族特色,错位竞争;有的推行现代学徒制,创新人才培养方式;有的挖掘民间技艺传承人、匠人资源,提升师资力量;有的加强与企业合作,夯实民族文化专业学生的职业技能。这些案例可以为其他学校在民族文化传承提供借鉴,学校可以结合自身的情况,选择一条适合自己的发展道路。

### 3.2.3　中职学校传承民族文化的类型分析

如何科学地将壮族传统文化引入校园,是能否取得实际传承收效的关键。就笔者的调查情况看,目前,百色中职学校根据适宜校园的原则出发,其所传承的传统壮族文化主要有以下几种类型:一是知识普及型文化,包括技艺、活动、艺术等壮族传统文化,让学生可以了解性地掌握;二是技能掌握型文化,是指通过教师讲授和学生简单练习就能基本掌握和运用的壮族传统文化,特别是一些艺术形态的文化,如壮族传统歌舞、壮锦制作等;三是活动娱乐型文化,是指在校园让学生通过活动、展演来培养其技能以达到愉悦心情和锻炼身体的项目,如德保矮马马术等;四是展示型的文化,是指那些既可以在课堂教学又适宜在校园固定展示的壮族历史、民俗、人物及文艺作品介绍等。

# 4 中职学校传承发展民族文化的路径及成效

## 4.1 学校传承发展区域民族文化的路径探索

少数民族文化是中华民族文化宝库中的重要组成部分，其历史悠久、丰富多彩、弥足珍贵。一旦消失，就再也不可能复制。各民族之间的差异说到底就是民族文化之间的差异。民族的多样性和文化的多元性是紧密联系的，多元文化教育有利于各民族文化之间的相互交融、吐故纳新。多元文化教育是以尊重不同民族文化为出发点，为促进不同民族之间的相互理解，有目的、有计划地实施的一种多种文化共同教育的途径。中职学校是文化传播的主要场所，少数民族的文化应成为中职学校教育的一个重要内容，中职学校教育应该是多元文化的教育。目前，在百色区域中职学校，已经做了一些民族文化传承方面的建设性行动，但还缺乏对民族文化传承的内涵进行深入挖掘和开发，民族文化的内容、精神实质、民俗民族传统目前还只是表面化，没有触及文化本质，还需要深入挖掘。鉴于以上所存在的问题和困难，从教育人类学的视角来看，笔者认为，中职学校教育中的民族文化传承可以从以下几个方面进一步着手开展。

### 4.1.1 中职教育中的民族文化传承

#### 4.1.1.1 中职学校民族文化传承的机制

本书将"机制"界定为中职学校民族文化传承的内部要素（传递者、承接者、内容、方法、形式等），外部因素（学校教育系统之外民族文化传承如家庭、社区等，以及社会组织结构和社会环境如政治、经济、文化等）及内部要素与外部因素间的互动结构及其影响方式。

在中职学校教育中所传承的民族文化，从形式上看是由传承主体、传承内容和传承方法构成的，其传承是按照一定的研究、规划及管理下实施的；而其推进总是在一定的政策、经费的支持下和当地社会经济文化环境中发生的。笔者将前者理解为中职学校民族文化传承的内部要素，将后者理解为中职学校民族文化传承的外部因素传承主体，即人的要素，包括学校领导、教师及学生，它同传承内容、传承方法，以及教学规划、教学管理等内部要素同时体现在课程开发传承模式、课堂教学传承模式和团体活动传承模式之中。在调查地点的选择问题上，主要考虑了两个维度：一是城乡、地域差异，所以课题组所抽样考察的学校延伸涵盖了城区、乡镇和村所等不同区域；二是考虑到目前学校民族文化传承主要是在中职学校实施，所以调查以中职学生为主。利用分层随机抽样的方法，抽取不同年级学生 1500 人，发放问卷 1500 份，回收 1409 份，回收率为 93.93%，经整理筛查，有效问卷为 1334 份，有效率为 94.68%；抽取不同学校不同学科教师 231 人，发放问卷 231 份，回收 225 份，回收率为 97.40%，经整理筛查，有效问卷为 217 份，有效率为 96.44%；另外，还进行了访谈，访谈对象涉及学校领导、教师等数十人，进行非结构性访谈和半结构性访谈，以弥补问卷的不足。通过问卷调查并结合个别访谈、参与式与非参与式观察，来确定教师的态度、素质对民族文化传承的影响，了解学生对于民族文化传承课程学习的态度，学校民族文化传承的措施、成效及学校开设民族文化课遇到的问题等内容。

A　中职学校民族文化传承内部要素间的关系

从学校内部来看，课程开发、课堂教学、团体活动三条途径是相辅相成，共同传承民族文化。其中，课程开发是基础，教师的课堂教学是关键，而团体活动则能弥补课程开发和课堂教学中的不足。具体来讲，从内容要素来看，哪些文化可以走进校园传承，哪种不宜进校园，都是要经过考量的；从人的要素来看，主要涉及传授者与承受者，这其中无疑前者的作用更加显著，因为教师的教学活动无不带有牢固的民族文化印记，正像埃里克·坎德尔说的那样，"与其说它们受到教育哲学家们思索的支配，倒不如说它们更多地受微妙的民族成见的支配"。因此，任何实际教育活动模式的进化和发展，都离不开本民族的历史文化的土壤。换言之，教师的自身素养，对民族文化的传承起着举足轻重的作用。

（1）人的要素是前提，内容要素是基础。传承主体的意识与态度是关键，换言之，人的要素是前提。传承主体主要包括两方面，一方是学习者，一方是传授者。而起决定作用的是传授者，包括教材编写者、学校领导和教师，其中，起决定作用的是教师。

调查显示，有 51.9% 的教师在日常教学中从未利用过传统文化课程资源，能做到经常用的只有 16.3%，其中能大量使用的仅有 6.2%。有 67.7% 的教师从未与校外民族文化专家、艺人交流，经常交流者仅有 8.5%。在课题组的进一步调查中，笔者综合发现，正是这部分"经常用"和"经常交流"挑起了中职学校民族文化传承的大梁。这另一方面也反映出了民族文化教材的重要性，即内容要素的基础性。因为多数教师把民族文化校本教材当成了唯一的依靠，这一方面源于自身对民族文化的相关知识掌握不够全面，另一方面则是"行为定势"使然，即教师不注重对教材的二次创造，而是"照本宣科"。

（2）民族文化传承的某些因素不受主体意识的影响。课题组调查，有76.9% 的教师支持"开设民族文化课程"，说明从态度来看，他们都倾向于在学校开设民族文化的相关课程。然而，在调查中，笔者发现，部分教师的行动是与问卷调查的结果有出入的，结合个别访谈，笔者认为，学校的评价制度、管理体制，以及学生家长的态度都会对教师实际行动产生影响。例如，虽然大部分教师也意识到了学校中民族文化传承的重要性，但他们把更多的时间和精力放在了提高学生非民族文化课成绩上。因为无论是学校绩效工资的考评标准，还是学生家长对教师教学能力的认可标准，学生的成绩都是重要的指标，这样在有限的教学时间内，教师把主要的时间和精力放在常规的文化课和专业课教学上就不足为怪了。

**B　中职学校民族文化传承的内部环境及其相互关系**

（1）科学规划民族文化的学校教育传承。从教育部和广西壮族自治区教育厅层面倡导民族文化进校园以来，百色的部分中职学校制定了较为系统的发展规划，重视本民族文化的传承问题，注重培养民族文化传承技艺教师的培养和培训，使学校在传承民族文化方面有了一定的基础。

（2）开展中职学校民族文化传承的科研工作。中职学校在开展民族文化进校园活动的过程中，除积极让民族文化走进校园、课堂外，还通过开展相关科研工作，探究民族文化教育与少数民族学生发展之间的关系，探索新的教育形式和教育方法，以期提高教育成效，如通过申请课题的方式传承民族文化。以百色市民族卫生学校为例，五年来，教师在民族文化包括红色文化进校园活动中不断总结和积累经验，先后有8篇民族文化传承方面的论文获奖，并有两个课题获市级"十五"规划课题成果奖。

（3）探索实行校内专职教师负责制管理模式。在教学过程中，针对校外专家、艺人教学时间无法得到保障，以及丰富的教学内容与灵活的教学形式因组织无序而显得随意等问题，百色少数中职学校制定了相应的管理措施，以确保教学正常有序地进行，如靖西市职业技术学校建立了由校长把关、教导主任分管、两名专业老师参与的民族文化传承工作领导小组，统一领导、实施学校的民族文化教育工作。凌云县职业技术学校则是由校长领衔、两名专业老师担任负责人，配备一名专业老师作为民族文化传承班主任，并指定专门的教务管理人员、后勤保障人员及财务人员加强教学管理，协调解决教学场地、教室、师资及服装道具等后勤保障问题，确保教学正常有序地开展。

（4）中职学校民族文化传承与普适性科学文化知识传授间的关系。调查发现，有高达89.0%的学生和78.3%的教师认为开展民族文化课程是不影响其他科目的学习的，而有35.3%的学生和41.2%的教师认为开展民族文化课程利于其他科目的学习。结合访谈，笔者认为，整体来看，一方面，民族文化传承与普适性科学文化基础知识传授之间是相互促进的关系，比如，通过民族文化课程的学习激发了学生的学习兴趣，调动了学生学习的积极性，唤醒了学生的民族自信心与自豪感，这反过来又会影响他们对普适性科学文化知识的学习；另一方面，从学习时间上来看，这两者之间存在事实上的相互消长关系，因为学生在学校的学习时间是有限的，若民族文化课占用过多时间，这势必会影响到对普适性科学文化知识的学习。

C　中职学校民族文化传承的外部环境及其影响分析

a　校外文化环境

埃尔温·托马斯认为，研究教育要突出学校教育过程中文化背景的关键性作用。百色壮族地区有相对良好的校外文化环境，这些都为壮族文化的传承提供了坚实的基础。目前，在百色地区还有一些政府办起的民族文化民间传承点和学校。如百色在20世纪80年代已成立了市级的民族博物馆。如靖西壮族博物馆是我国唯一以陈列壮族文物为主的专业博物馆，占地面积4320平方米，建筑面积1880平方米，馆藏文物1820件，展出文物750件，这里是壮族社会历史、民族民俗文化的缩影，也是壮族文物收藏、展示，壮族历史考古、研究和进行爱国主义教育的不可多得的地方。又如靖西旧州壮族生态博物馆，于2005年9月建成，其保护区包含旧州街、西南街、大街、东内巷、东外巷、上安马、下安马、巴诺等街（村）。靖西旧州壮族生态博物馆由展示中心和旧州的原状保护两部分组成，展示中心是一个集壮族文化展览、文物及资料收藏、工作人员办公、研究人员住宿为一体的综合性建筑。

b　政策支持

从政策层面看，中职学校传承民族文化也有政策保障，无论是目前国家层面，还是自治区、市等各级行政部门出台的政策，都给百色中职学校民族文化传承提供了政策支持和保障。

c　经费支持

目前，百色中职学校民族文化传承所需经费来源主要有两个方面：一是来自自治区层面的支持，如百色市民族卫生学校、靖西市职业技术学校和凌云县职业技术学校作为民族文化传承基地学校，每年都有来自自治区的专项经费支持；二是一些社会组织机构，如德保县职业技术学校马术专业校本教材的编著，得到了广西马术协会等机构的经费支持。

d　社会环境对中职学校民族文化传承的影响

社会环境对中职学校民族文化传承的影响可分为正负两个方面：一方面社会环境与校内民族文化传承是相互促进的；另一方面社会环境对校内民族文化传承起制约与限制的作用。

首先，学校教育与其所处的社会政治、经济和文化环境是相互依存、相互作用的。教育在文化传统的传递、选择、发现、创造中起着不可替代的重要作用，但同时教育又常常受到传统文化的影响。例如，靖西市职业技术学校每年都面向社会举办壮锦、刺绣培训班，体现了学校内部要素对外部要素的促进作用。而事实上，外部要素也可以制约内部要素的作用发挥，例如，中职学校的学生，由于从小生活在壮族文化的环境里，对本民族文化已有一定的了解，有的还掌握了一定的民族文化技艺。再有，学生家长的态度也会影响到学校民族文化的传承。这些都是外部因素对内部因素影响的表现。

其次，是旅游对文化传承的推进与制约。近些年来，随着旅游业的发展和当地对旅游基地的打造，如靖西从县改市后，国内外大批游客蜂拥而至，这给民族文化的传承带来了正负两方面的影响。从正面来看，旅游业促进了学生及其家长主动学习本民族文化的热情。然而另一方面，旅游业的兴起也使（尤其是城区）壮族的下一代失去了壮族传统文化的物质载体（如旧州古城），甚至让下一代生活在被"异化"的传统文化中。由于旅游业的影响，仅有47.8%的被访孩子知道壮族三月三这个传统节日。

中职学校民族文化传承的基本经验结合以上分析，笔者认为，中职学校民族文化传承机制是学校内部要素与外部要素的合力互动，有如下特征与功能。

一是中职学校民族文化传承体现出"以点带面"的一体化传承特征。所谓"点"，是指因地制宜地重点培育几个传承民族文化的精品基地，如德保县职业技术学校的马术基地、靖西市职业技术学校的壮锦工作室和大师工作室、凌云县职业技术学校的瑶族长号实训室等；"面"是指中职学校全面开设民族文化传承课程。

二是接续了中职学校少数民族学生的生活教育与学校教育。民族地区教育应是与民族学生实际生存状态紧密相连的，而非仅仅是一种机械的操作程序。这就要求青少年的成长过程中，其寓于生活的教育同所受学校教育应处于相互补充、相互融合的状态。民族地区中职学校将民族文化引入校园的做法正是对这一理念的实践。通过校本课程的开发、学科课堂教学渗透、各种民族文化主题活动的开展，大大拓展了民族地区中职学校教育的空间；通过请民间艺人、民族文化方面专家进校园，以及将课堂搬出教室等形式的尝试，打破了仅仅将教育看作课堂教学或在学校中接受教育、将教育形式看成是讲授及传授知识的旧有观念，这符合中职学校少数民族学生的实际生存状态对教育的需求。

e 中职学校民族文化传承的基本目标

一是传承民族的优秀文化，培植民族认同感。壮族有着自己的教育形式和教育内容。在学校围墙之外，壮族文化仍在以多种形式被传承，显示了其较强的生命力，表明了壮族人对其特有的情感及其自身得天独厚的地方性价值。而将壮族文化引入中职学校校园，使壮族学生了解和掌握自己民族的优秀文化成果的同时，还培养出对本民族文化的情感、态度及价值观。壮族地区有着独特的文化生态系统，通过校本课程开发、课堂教学等来反映壮族地区的自然地理风情和人文社会特点，使之与壮族学生的生活和经验联系起来，同时教学内容结合学生自己身边的人和事，更容易被学生理解和接受，适应学生文化和思维的现实基础，能够满足其兴趣和需求，进而培养其创新精神和实践能力。在此基础上，唤醒壮族学生的民族意识，形成民族认同感。

二是培养壮族学生在多元文化社会中的跨文化交往能力。中华民族的文化是"多元一体的"，反观壮族的历史，其传统文化亦有汉文化传统的烙印，而汉文化中也时时可见各少数民族文化的痕迹。因此，教育的目标必须包含"培养学生在多民族与多元文化共存社会中交往所必需的能力"。壮族学生要在充分地认识和观察自己民族文化的同时，通过与他民族或民族文化的交往来认识异民族与异文化，继而形成多元文化的社会交往能力。唯其如此，才能全面、深刻地理解自己民族的文化，才能看到自己文化与他文化的异同，也才能更好地促进与其他文化间的交流与合作。与此同时，壮族学生的民族认同感不断扩展，从对本民族的认同扩展到对民族、国家的认同直至更广意义上的民族认同。

三是注重对民族学生批判意识的培养。之所以将培养学生的批判意识纳入中职学校民族文化传承的目标之中，主要基于以下思考：一方面，在多元文化中会夹杂一些与社会发展不和谐的音符，所以在尊重、提倡多元文化素养的同时，也要对其保持清醒的意识；另一方面，任何文化都是处在不断变迁和发展中的，培养民族学生对本民族文化的认同与接纳并非盲从和闭关自守，而是一种批判性的继承和创造性的发展。鉴于此，提高民族学生的文化批判能力、文化选择能力及文化创新能力，理应成为中职学校民族文化传承的目标。

f　中职学校民族文化传承的基本原则

在多年的摸索实践中，中职学校形成了一套相对稳定的民族文化传承机制，解除了活动开展之初部分教师"怕影响教学""怕增加负担"的误解。在这一过程中，笔者认为应该坚持如下原则。

一是需求性和可行性相结合的原则。从进校园的民族文化内容选择层面来看，科学传承民族文化并非将民族传统文化原封不动地转交给学生，而是使经过精心筛选、细心打磨过的民族传统文化中的精髓部分进入校园、课堂。同时，还把课程对于学生发展所处的民族文化及心理特征的适应性，教师的文化背景及实施能力等因素考虑在内进行课程的编写，而在教学方式上，则坚持方法的灵活多样性与现实意义性并举的原则。

二是思想性与科学性相结合的原则。中职学校民族文化教育要以新时代中国特色社会主义思想为指导，以马克思主义的民族观为理论武器进行民族文化传承。对民族文化传统中的精华部分予以保存、继承和发展，而对其糟粕的部分进行批判和剔除。因此，在课程开发、课堂教学等方面要按照淡化宗教成分，强化文化知识，以不在学校宣传宗教为原则。从教学时间来看，为不影响文化课的教学，民族文化传承课每周两节，不占用文化课的上课时间，只利用下午课外活动时间进行；教师以外聘为主，校内教师主要是协助配合管理；教材编写、聘用教师及教学所需费用均不由学校负担，而是积极争取上级拨款和社会支持；教学点以坚持长期稳定传授知识为主，以不谋利为原则。

三是多元性与一体性相结合的原则。民族地区历史上就是一个多民族聚居的地区，百色地区除壮族外，还有苗族、瑶族等多个民族。因此，在民族文化进校园活动中，多元性与一体性相结合也是应该一直坚持的原则。多元性可从两个方面来理解：一方面中职学校所传承的民族文化包括壮族对其他少数民族文化的学习内容；另一方面也包括汉族及其他少数民族对壮族文化和自己民族文化及其他民族文化的学习内容。而一体性是指中职学校民族文化的传承一方面要在国家的教育方针、政策及目标的指导下进行，另一方面也指以反映本民族文化为主，而从历史上来看民族文化就具有多元一体化的特征。

g 中职学校民族文化传承的有限性

中职学校民族文化传承目前处于探索阶段：一方面，从学校教育中教学时间、教学内容及教学方式来看，其对民族文化的传承是有限的，这与学校主流文化教学相比较而言，更像是一种"点缀"；另一方面，从民族文化的口传心授、情境化、生活化特征来看，并不是所有文化都可进校园传承。"生命不是等待学会什么，而是人在教育生活中，在时间、空间、语言中获得成长。"民族文化传承中的中职教育都是在生活中进行的，是以一定的习俗、仪式及行为规范等为依托的。与学校教育有目的、有计划、有组织地引导受教育者获得知识技能，陶冶思想品德、发展智力和体力的"意向性"特征相比，这是种无意识地进行塑造的力量，而且这种塑造作用是由打上深刻烙印的群体对新进入该群体范围内的成员所产生的。这正是克里克"教育功能"的内容，即文化生态环境对成长着的一代人无意识、潜移默化的塑造作用。

### 4.1.1.2 百色中职学校民族文化传承的路径探索

路径在不同的领域有不同的含义，从词义可理解成指道路、到达目的地路线或比喻办事的门路、办法。本书所指的"路径"寓意民族地区中职教育为成功实现服务地方民族文化的传承与发展这一直接目的而应采取的可行性高、可操作性强的有效路子、途径。民族地区中职教育应立足少数民族地区发展实际，积极吸收民族文化元素融入自身发展之中。为此，笔者结合前人的研究经验，提出民族地区中职教育民族文化传承与发展的七条路径。

A 开展民族文化进校园活动，提高民族文化校园氛围

开展民族文化进校园活动是民族地区中职学校民族文化传承与发展的重要补充。如百色市民族卫生学校开展百色红色文化进校园活动，以"构建适合中职学

校传承百色红色文化的模式"为核心，加强与爱国主义教育基地（百色起义纪念馆）的合作，分别在师生中进行问卷调查，开展一系列红色文化校园主题教育活动，推动红色文化"四进"工作，发展壮大校园小教官联队，设立红色文化校园宣传员，整理红色文化校本教材内容等工作，初步形成红色文化在中职学校的传承模式。

调查显示，仍有33.29%的学生没有体会到所在中职学校民族文化类校园活动的开展；42.35%的学生认为开展得较少。传承民族文化不能仅仅通过课堂教学的形式，开展民族文化进校园活动，具有多重意义。第一，可以加强学生对本民族的认识、认知、认同的培养，也可加强对其他民族文化的理解；第二，这也是职业院校创建特色校园的重要抓手，做到民族文化与校园文化二者的深度结合。笔者以为，中职学校应从以下几个方面入手开展民族文化进校园活动，并力求活动制度化、常态化开展。

（1）以民族文化为主题，打造第二课堂。民族地区中职教育开展民族传承与发展的教学工作不应仅在教室里、课堂中进行，还应将教学工作延伸到校园外、课堂外。学校可以以成立学生社团等兴趣团体的形式，大力倡导学生自主创建民族器乐社团、民族舞蹈队、民族技艺社团等艺术社团。并积极引导该类社团开展丰富多彩的民族文化主题活动，既可以在校园内开展民族工艺品展示、民族艺术展演等活动，又可走出校园开展社会调查、采风、义演等活动，如凌云县职业技术学校在招生宣传期间组织学校演出队到各乡镇初中进行文艺演出，展示民族歌舞、民族器乐，在进行学校招生宣传的同时，达到宣传推广和传承民族文化的效果。

（2）以技能竞赛为平台，提升技艺技能。以竞赛形式推动民族地区中职学校学生的民族文化素养养成是提高育人实效的重要举措，技能平台的搭建能够为提升学生的职业精神、技能水平，营造"人人尽展其才"的文化氛围。2011年，作为全国职业院校技能大赛的组成部分，民族地区职业院校学生才艺展示活动在天津首次举办，活动共分为四个模块，民族艺术、民族技艺等多项蕴含民族文化的教学成果得以展现。此后的每一年，广西职业院校技能大赛也都开展这类民族文化教学成果的项目比赛，百色中职学校每年也都进行这些项目的初赛，参加比例见表4-1。

表4-1　学生在学校开展的民族文化校园活动中是否进行过才艺展示

| 是否参加 | 人　数 | 占比/% |
| --- | --- | --- |
| 是，经常参加 | 359 | 30.34 |
| 是，较少参加 | 203 | 17.16 |
| 没有参加 | 621 | 52.49 |
| 合　计 | 1183 | 100.00 |

如表 4-1 所示，目前，经常参加此类活动的仍然是少数，只有 30.34%；半数是表示没有参加过此类活动，占 52.49%；表示较少参加的有 17.16%。民族服装、民族织绣、民族工艺品制作等专业可以开展展示大赛，民族音乐与舞蹈、学前教育等专业可开展展演大赛，也可以将民族体育竞技项目纳入学校的秋冬季运动会中。如每年面向中职学生举办的"文明风采"竞赛中，学校可以号召学生在摄影视频和才艺表演等竞赛项目中融入具有民族文化特色的作品。

（3）以硬件设施为载体，改造校园环境。硬件设施能够直观展现校园文化风貌，学校的基础设施能够如细雨润物般影响学生的思想情感。学校应充分利用学校的基础设施展示民族文化。譬如教室墙壁上张贴民族文化图片，校徽校旗融合民族图腾标志，结合民族节日在宣传橱窗里定期更新，校园建筑结合地域民族建筑风格，校服设计融入区域民族服装特色。也可充分利用楼道走廊等建立民族文化长廊展示不同民族文化和民族技艺。同时还要加强校风、学风、教风等"软环境"的建设。最终"软硬兼施"，让学生置身于充满民族特色的校园环境中。

总之，民族地区中职学校要多途径将富有民族文化特征的因素融入校园文化的方方面面，营造出浓郁的多元文化校园氛围，从而潜移默化培养学生的民族文化自觉。

B 调整民族文化类专业设置，对接区域文化产业发展

推动职业院校专业与区域文化产业相对接是民族地区职业院校民族文化传承与创新的重要基础。专业设置不仅是维系民族地区职业院校生存的保障，也是吸引学生就读的保障。民族地区职业教育专业设置应结合区域民族特色产业、文化产业的发展需求，在分析当地民族文化类型的基础上，调整文化类专业设置，并积极优化专业结构和布局，建立专业集群，实现专业办学的聚合效能。

（1）调整民族文化类专业办学方向，契合区域文化产业。2015 年 7 月，《教育部关于深化职业教育教学改革全面提高人才培养质量的若干意见》中提出"支持少数民族地区发展民族特色专业"。经济新常态背景下，随着产业结构的升级调整，民族地区的民族旅游、民族工艺、民族医药、民族食品加工等产业发展越来越兴旺，加大了对民族文化类专业人才的需求。为有效解决中职教育专业设置与本区域文化产业发展对接的脱节问题，民族地区中职学校的专业设置应当在遵循职业教育普遍发展规律的基础上，充分融入本民族区域特色。以民族文化产业发展需求为导向设置专业，既能成为促进区域经济发展的强力推手，又能顺利实现传承民族文化的目的，这必将实现民族文化传承和文化产业发展的双赢。广西凌云县职业技术学校的学前教育专业就充分融入当地民族文化元素进行教育教学。

（2）巩固民族文化类专业办学基础，提升专业办学条件。推进职业教育现代化需要有扎实的办学基础能力。2016 年 12 月 2 日，时任国务院副总理刘延东

在推进职业教育现代化座谈会上提出要将完善条件保障纳入落实职业教育改革发展的重点任务。根据中职学校办学能力评估标准,应至少保证民族文化类专业在生均财政拨款水平、教学仪器设备配置、校舍及信息化教学条件、专任教师配备、实习实训条件等方面,不低于国家设置的办学标准,为其专业办学条件提供保障。

(3) 充实民族文化类专业办学主体,引入社会力量参与办学。职业教育是跨界教育,需要多主体参与办学。一是民族地方政府部门应负责制定地方文化产业发展战略及民族文化人才培养规划,协调好各级教育、民族与文化部门之间的合作,加大经费投入,提升中职学校的基础办学能力,并引导其充分尊重市场规律,围绕民族文化产业进行专业设置和特色办学;二是加强中职学校的自主办学地位,结合政府、行业企业等多方意见的基础上进行专业设置与优化、改革教学模式,增强民族文化相关专业建设和人才培养能力,推动中职学校办出特色、提高教学质量和办学水平,有效发挥民族地区职业教育的民族文化功能;三是行业企业要结合市场需求,参与指导中职学校民族文化类相关专业设置的人才培养方案、教学标准制定、教学模式改革等。

(4) 提高民族文化类专业办学质量,严格执行专业办学标准。质量是民族文化类专业生存的根本。教育部相继在 2012 年 12 月、2014 年 4 月、2014 年 12 月颁布中高等职业院校的专业教学标准,具体规定了中高职学校中民族文化类专业的培养目标、课程体系和教学建议等具体指标,这也是民族文化类专业办学的最低要求。在民族文化类专业办学基础条件相对成熟的情况下,应当严格以标准为下限进行专业教学。尤其要根据不同的技艺类型选择不同的人才培养模式,比如对于传统的刺绣制作业、民族服装制造业、传统饮食业等手把手传递的家族工艺应采用学徒制的人才培养模式。但随着专业内涵的变化,一些教学标准已不能满足职业发展的需要。为此,民族文化类专业教学也要主动适应时代发展的变化要求,不断提高专业办学标准。

C　开发民族文化类校本教材,丰富民族文化课程资源

课程是教育的核心和灵魂,是一定的文化精神的载体,对学生产生的是一种潜移默化的潜在影响。教育人类学认为,学校课程是文化中筛选出来的精品,被列入课程的文化就有可能被传承、发展,是教育文化功能的具体化。目前,在广西德保县职业技术学校、靖西市职业技术学校、那坡县职业技术学校和田林县职业技术学校已开发了校本教材,在教学实践中取得良好的效果,但存在着内容偏重于科学技术,民族技艺、风土人情等方面内容还过于简略等问题,所以校本教材的编写还需进一步利用好民族文化的教育资源。

另外,在中职学校教育中的其他课程里,诸如音乐课里的民歌、民族乐器、民族舞蹈,美术课里的民族服饰、传统的民族图案、刺绣图案、民间工艺品的制

作，语文课、历史课、思想品德课中爱国主义、民族团结、文化交流融合等不胜枚举的各种素材等，都是可以大力挖掘的"课程资源"。

校本教材开发要充分利用这些民族文化资源，并且不应局限于一两门课程，范围可以更广。这样，国家课程、地方课程和校本课程综合利用，互为补充，可丰富中职学校的课程资源，满足当地民族文化传承的需要。这也是一种新的课程模式。

推进中职学校民族文化相关专业课程改革是民族地区中职学校民族文化传承与发展的重要渠道。我国三级课程管理模式为民族文化融入民族地区职业教育提供了契机。民族地区职业教育课程不能只注重国家主流文化的宣扬，还应融入本区域少数民族文化，根据民族工艺的工作流程开发职业课程，设计课程体系，加强地方和校本课程的建设工作。民族地区中职学校民族文化类课程的组织与教材的编写要综合考虑以下几点：

（1）课程开发主体多元化。中职学校教师的知识结构、技能涵养还不足以完全胜任民族文化类专业的课程编制工作。应组建由学校教师、文化传承人、课程专家等多元主体组成的课程开发小组，充实课程开发的人才结构，编写地方课程和校本课程。课程设置应紧密围绕民族文化类专业人才培养目标进行设置，从其规格、层次、岗位能力需求等出发，进行课程的结构构建、内容设计、教材编写等。广西德保县职业技术学校较好地实现了民族文化类专业课程开发主体的多元化，他们以本校马术专业教师为中坚力量，联合骨干企业、马术行业专家，相互合作为该专业开发符合专业要求的核心课程和校本教材。

（2）课程内容选择适宜性。

学生认为学校开设的民族文化类课程应涉及的内容统计见表4-2。

表4-2 学生认为学校开设的民族文化类课程应涉及的内容

| 课程 | 人数 | 占比/% |
|------|------|--------|
| 民族表演艺术 | 533 | 39.95 |
| 传统手工技艺 | 322 | 24.14 |
| 民俗活动 | 479 | 35.91 |
| 其他 | 0 | 0 |
| 合计 | 1334 | 100.00 |

民族文化资源丰富、题材多样，但不是所有的民族文化都能够通过职业教育进行传承和创新，也不是所有的都适宜转为课程内容、编入教材。选取合理的民族文化教学内容首先要进行民族文化类课程内容的内涵提升，课程内容应能联系少数民族生活和生产实际，包括民俗民风、民族生活技能、民族艺术和工艺等，如编织工艺、壮锦技艺等工艺产业和民歌、舞蹈、壮医药、壮族饮食等特色民族

文化领域。课程内容的选取应考虑到传统产业和新兴产业的有机集合，如壮、苗、瑶等民族的传统生产方式和生活技艺等作出调整，应围绕这些技术革新开设课程，补充教学内容。总之，既要让学生掌握职业的基本技能，又要学习到民族文化知识，使得课程贴切文化产业岗位工作实际。广西靖西市职业技术学校结合本地民族文化，积极开发《靖西壮锦技艺学习基础》校本教材，教材内容既通俗易懂，又生动形象地展示了民族文化技艺的魅力，深受学生喜爱。

（3）课程形式制定多样化。根据中职学校专业设置的不同，应分别开发所对应的课程和教材。因为不同专业的人才培养目标不一样，所要求掌握的民族文化知识和技能也不尽相同。为此，应注重开发多样化的课程和教材，注重选修课程和必修课程、学科课程和活动课程的结合。如针对汽车制造与检修、电子电器应用与维修和计算机应用技术等专业开设民族文化通用课程即可；而针对学前教育、会计和电子商务等文科类专业则在通用课程的基础上开设民族文化基础理论课程；针对民族民居装饰、民族音乐与舞蹈、民族工艺品制作等特定专业则要在开设上述两类课程的基础上，还要开设民族文化专业课程等。学生对学校所采用的民族文化类教材的建议统计见表4-3。

表4-3  学生对学校所采用的民族文化类教材的建议

| 建    议 | 人    数 | 占比/% |
|---|---|---|
| 丰富内容 | 452 | 38.88 |
| 增强实用性 | 505 | 37.86 |
| 提高趣味性 | 337 | 25.26 |
| 其    他 | 0 | 0 |
| 合    计 | 1334 | 100.00 |

同时，应经常组织学生进行民族文化实地考察等活动课程，加强实践能力培养。如表4-3所示，63.12%的学生认为应该多多提高课程的实用性和趣味性；有38.88%的学生觉得应丰富内容；37.86%的认为应增强实用性。广西靖西市职业技术学校是以民族旅游品设计为特色，该校将织锦、绣球等民族工艺列为选修课程，还经常性组织学生进行户外采风，感知民族文化。此外，教材作为课程教学中所使用的材料，不应只简单理解为课本。在教材编制过程中，还要注重教辅材料的制作。

D  加快民族文化类师资培养，提升民族文化传承能力

加强职业院校民族文化相关专业师资队伍建设是民族地区职业教育民族文化传承和创新的重要环节。具有较高民族文化素养、较高专业技能的"双师型"教师队伍是实现文化教育功能的中坚力量，也是重要的智力保障。传统的民族文化传承方式是以血缘关系为纽带的家族传学，但现代职业学校制度的建立对民族

文化传承的方式提出了新要求,特别是对于教师的知识涵养、能力结构、教学技巧等方面提出了新挑战。民族地区职业院校教师一般分为专任和兼职教师两类,为此应通过"内培"和"外引"两种方式,分类做好教师队伍建设工作。

(1)加大内部培养强度,提升教师文化素养。民族地区中职学校校内教师与学生接触机会最多、接触时间最长、接触空间最大,他们在实现学生感知与理解本民族文化知识与技能的传播过程中作用最大。为此要加大对内部师资的培养力度,全方位搭建教师民族文化培养平台。

一是搭建民族文化传播平台。以定期举办培训班、专题研讨会的形式邀请民族文化传承人、民族工艺大师、民间艺人以及民族文化领域的专家、学者,为本民族地区中职学校教师开展民族文化传承培训活动,调整教师对于民族文化全新的认知,如辨别不同类型的民族文化,采用不同的教学形式,为学生讲解民族技艺、音乐与舞蹈等,并让其认识到民族文化融入教育教学工作的重要性。

二是搭建民族文化实践平台。大力落实教师到企业实践制度,以师徒传授的形式,选派专业带头人和骨干教师到民族文化类企事业单位、文化团体、民间作坊中体验民族工艺流程等,以提升教师的文化类实践技能。

三是搭建民族文化展示平台。支持教师积极参与教师职业技能大赛和文艺汇演活动,以赛促学,在竞赛中提升教学技能,在展演中提升文化自信性。

四是搭建民族文化科研平台。鼓励教师开展民族文化类科学研究,以科研项目合作与研究的形式,综合多方面提升教师对于民族文化的感知,提高其自身民族文化传承能力。

(2)加大人才引进力度,优化教师队伍结构。为扩充教师队伍数量、优化教师队伍结构,应重视遴选技艺大师、民间艺人、非物质文化遗产代表性传承人这类人才的引进力度,聘任他们担任专业课教师,具体指导民族文化教学工作。但是,在现有教师招录体系中,因人才档案调动、学历职称要求等原因造成的人事关系壁垒,企业中的技艺大师、民间艺人、非遗传承人等技术技能强、精通民族文化的人才很难调进职业院校工作。所以,为了弥补民族文化类教师的数量上的不足,要灵活采取兼职教师聘任的方式,在此基础上设立大师工作室,从而便于他们参与到民族文化类专业设置、课程开发、教学研讨等方面,提升教育教学质量。广西靖西市职业技术学校尤其注重校外兼职教师的聘用工作,该校长期引进民族文化艺人、民族技艺传承人担任兼职教师,在学校的民族文化类人才培养全过程中充分发挥着先锋带头作用。

E 建设民族文化类实训基地,夯实学生职业技能培养

民族地区职业教育也以就业为导向。提升民族文化类专业学生的就业率尤其是提高专业对口率,是提升民族地区职业教育吸引力的重要路径,是实现民族地区职业教育民族文化功能,是增加民族文化类专业吸引力的重要前提。拥有扎实

的技术技能是学生找到工作乃至找到好工作的前提，而实习实训是提升学生技术技能的重要保障，技术技能的提升又离不开真实工作情境的体验和工作岗位的锻造，而这一切都归结于实训基地的这一实践平台的搭建。

（1）完善校内基地，推动课堂知识学习与课外技能实践相结合。校内实训基地是文化技术技能实践课程开展的重要物质平台，是"做中学"必不可少的条件，构建民族文化实训基地是民族地区职业院校开展专业教学不可忽视的重要方面。在加强学生职业技能培训过程中促进民族文化的传承，增强就业竞争力。

一是要重视民族文化类实训基地建设并注重使用实效。广西靖西市职业技术学校通过加强学校基础设施建设，逐渐改善学校办学条件，设立绣球制作室、壮锦实训室、作品展厅、计算机绘图实训室等。广西河池职教中心为该校音乐专业专门建设了专业化的录音室，满足了该类专业音乐录制工作的硬件需要，"刘三姐"的歌声由此传唱久远。

二是要增强校内实训基地的社会服务能力。尽管校内实训基地是建立在学校地域范围内的，但不应只作为学生锻造技能的平台，这也是职业院校开展社会服务职能的重要平台，应当将校内实训基地进行市场化运作。在此，可以借鉴大连商业学校经营型实训基地"商校街"的建设案例，该校开创了"前店后校"的经营性教学模式，以学校自办企业实体为核心，"商校街"是学校的组成部分，在物理距离上呈现出"零距离"的特征，实现了教学即经营，学习即工作的结合，教师与学生能够从容进行工学角色的转换。学生在这样的教学模式中不仅使文化类技术技能得到锻炼，更能在足不出校门的条件下，去体验真实的工作情境，全真感触对企业生产文化、经营文化的感知和认知。

（2）加强校企合作，推动学校教学过程和企业生产过程相融合。专业化、高标准的实训基地的建设、维护等往往需要大量的资金投入，这对于处在经济欠发达民族地区的职业院校来说是一笔巨大的花费，尤其对于中职学校来说更是难以负担。民族地区职业院校实训基地建设大多依赖于政府财政拨款和学校筹款，筹资渠道较为单一。校企合作是职业院校办学的重要模式。为此，民族地区职业院校应寻求与文化企业行业的合作，共建实训基地。加强实训基地建设，通过与民族文化企业、民族文化研究机构、民间工艺大师等合作，建设集教学、培训、生产、技术研发"四位一体"的民族实训基地。学生在实训时既可以得到学校教师的指导，又可以得到企业师傅的指导，学校的教学过程和企业生产过程的结合将更加紧密，民族地区职业教育与民族文化产业的互动将更加活跃。

为实现校企深度合作，笔者建议中职学校可以将民族文化类企业引入校园建设"校中厂"，可以将实训室改为"企业工作室"，将民族文化转化成校企联合开展"项目教学"，培养高技能人才。这样，企业的生产设备、工艺技术能够进入学校中，形成校园生产线。对于学生而言，具备了学徒工的身份，利于加强实践技能培训；对于企业而言，既解决了生产加工中人力资源短缺的问题，又相当于自建了教育传承平台。同时，加强校企合作对于学生的就业也是大有裨益。靖西市职教中心与靖西市旧州刺绣技术协会、靖西市壮锦厂、靖西市富盛刺绣有限公司建立了学生（员）实习、实训校企合作关系。这样，在与民族文化类企事业的合作过程中，学校扩充了就业渠道，提供给学生更多的就业岗位选择。

F　在中职教育中对学生进行民族传统手工艺技能的培训

百色是全国集中连片贫困地区，经济发展相对落后，教育水平相对偏低。我们在访谈时，一位初级中学的教务主任李老师曾经心痛地告诉我们，最难过的一件事就是每年仍有部分学生初三毕业后升不了学，只能回家务农或出外打工。我们认为，利用中职学校教育的有利条件，对"初中毕业后升不了学学生"进行民族传统手工艺的培训，比如民族服饰的制作、刺绣以及民族歌舞表演等，可以使学生掌握一技之长，甚至可以作为其谋生的本领。培训教师可以请本民族中具有一技之长的有经验的人来担任。我们认为，通过学校和各个方面的合作和努力，为学生搭建一个平台，就能够为当地学生毕业后找到一条出路。例如，以初中生为主要成员的那坡黑衣壮民族歌舞队已经走出了那坡，到其他地方去参加演出。曾有部分国内外游客到当地购买民族服饰，价格不菲；刺绣、壮锦是非常精美的手工艺品，博得了很多人的喜爱，而且在服饰制作工艺简单化、规模化的今天，刺绣和民族服饰（全手工）的制作更显得珍贵。在学校教育中，开设职业技能培训课，一方面可以为学生提供毕业后的谋生之本，另一方面也使得民族文化在学生中获得潜移默化的传承。

G　中职学校教育依托当地政府开展少数民族文化知识的教育

一个中职老师曾告诉我们说，如果没有乡里领导和学校校长的支持，民族文化传承在学校里是搞不下去的。如靖西一个乡镇2017年的"端午节"，因为缺少了地方政府的支持也没有往年那么轰轰烈烈了。可见得到政府行政主管和学校领导的支持对于民族文化的传承也是非常重要的。在现代社会里，民族地区的少数民族文化资源日益成为一种迅速改变当地社会经济状况的重要资本，许多地方领导干部、教师、校长也充分意识到了这一点，并有意识、有目的地传承民族文化，丰富民族文化的内涵。在这种情况下，对地方领导干部、学校教师、教学管理人员进行适当的民族文化知识教育，使其充分认识少数民族文化的内涵和本质，在民族文化传承中起到积极的推动和支持作用。在政府制定地方发展政策的过程中能够充分考虑到当地民族文化的特色，保护民族文化，重视民族文化精神内涵的发掘和传承。这些都是对地方领导干部、教师和教学管理人员进行民族文化知识教育的必要性。

关于中职教育传承发展区域民族文化的困境和对策，将在本书后面一章中另行论述。

## 4.1.2  家庭教育中的民族文化传承

人类的生存和发展离不开文化，而文化的传递和发展又依赖于教育。在当今世界经济一体化、教育国际化浪潮下，越是民族的，就越是世界的，各民族文化的传承和利用，将为我国经济建设和社会发展提供强大的精神动力和不竭的智力支持。目前，我国民族文化的保护与传承正成为民族研究与工作中的热点问题。民族文化传承涉及的因素复杂多样，而家庭是民族文化的起点，家庭的重要性如同语言一样，是人类存在的一个标志，家庭教育在民族文化传承中起着十分重要的作用。笔者和课题组成员一起，通过对百色壮民族文化传承情况进行调研，重点分析了家庭教育在民族文化传承中的作用，传承中存在的主要问题以及反思，以便对民族地区民族文化的传承提供一些借鉴和参考，并充分发挥家庭教育在民族文化传承中的作用。

### 4.1.2.1  家庭教育在民族文化传承中的基本情况

在历史发展的长河中，不同民族在不同的自然条件、社会环境中生存、繁衍、发展，形成了各具特色的民族文化。民族文化传承是指文化在民族共同体内的社会成员中纵向交接的过程。这个过程因受生存环境和文化背景的影响而具有强制性和模式化要求，最终形成文化的传承机制，使民族文化在历史发展中具有稳定性、完整性、延续性等特征。

教育，主要包括家庭教育、学校教育和社区教育，都是民族文化的重要组成部分，如果没有教育，民族文化的传承就不可能实现。在教育体系中，家庭教育对于一个民族的文化传承起着十分重要的作用。具体来说，家庭教育在民族文化传承中侧重于文化行为系统的传承，也就是说家庭教育的功能更多地倾向于日常行为的教化。

家庭教育有广义和狭义之分，广义的家庭教育是指家庭中成员之间的相互影响；狭义的家庭教育是指家庭中父母或其他年长者对下一代的影响。无论何时，民族文化传承离不开家庭教育，主要原因在于：第一，家庭是人类社会的最基本单位，家庭除了繁衍后代这一社会功能之外，还要承担促使其家庭成员实现个体社会化的功能；第二，如果没有家庭教育对个体灵魂的早期塑造，个体就会变成不可教或难教之人，不仅个体形成不了自我教育的意识与能力，群体教育也无从开展，而个体将来就很难成为社会的有用之人；第三，家庭是以婚姻和血缘关系为纽带而组成的整个人类社会最基本的构成细胞，在人与人之间的所有关系中，血缘关系是一种最为根本的稳定的人际关系，而亲子关系则是这种基于血缘关系的一种爱的本能体现。从这一角度讲，正是这种生命世界中普遍存在的先辈对后辈生命之爱，才使家庭教育获得其生命意义上的重要性。

百色壮族人民世世代代生产劳作，繁衍生息，神奇秀美的土地养育了一代代的壮族人，也孕育出壮族人悠远的历史和多彩的民族文化。在学校出现以前，当地的少数民族家庭及族群所从事的是"全揽式"文化传承活动。其家庭教育主要有以下几方面的特点。

一是早期性，提倡早期教育是壮族传统家庭教育的一大特点。从孩子刚会走路开始，家长就会对孩子进行适当的教育。

二是重实践，当地壮族家庭教育从一开始就十分重视儿童的教育，把理论与生产生活有机地结合起来，边做边教、边做边学，教育与实践紧密结合。

三是注重言传身教，壮族家庭教育十分重视长辈的言行举止对孩子的影响作用，强调以身作则，为孩子做出榜样。如民族谚语中"父母善言教，子女言谦和；父母不文明，儿女话粗鲁""土地种得好就出粮，儿女教得好就聪明""母亲会针线，女儿会补巧"等，都验证了言传身教的重要作用。因此，可以说，壮族历来重视家庭教育，壮族传统文化的传承离不开家庭教育，家庭教育也离不开传统民族文化的支撑。

### 4.1.2.2 家庭教育在民族文化传承中的作用

家庭教育是文化的组成部分，家庭教育本身也是一种文化，任何家庭及其教育都有其民族归属性。也就是说，任何家庭都是某个民族的家庭，任何一种家庭教育也是某种民族的家庭教育，从这个意义上来说，家庭教育与民族文化之间是部分与整体的关系。民族文化从家庭及其教育中得到滋养进而得到发展。所以，家庭教育是民族传统文化的必然产物，民族文化制约或促进着家庭教育的各方面，同时家庭教育反过来在丰富和不同程度地改造着民族文化。民族文化是家庭教育的基础，家庭教育是民族文化的有机组成部分。家庭教育在民族文化传承中的作用，从宏观角度来看主要有：一是继承和保存本民族传统文化；二是吸收和借鉴其他民族文化，并不断丰富本民族文化。壮族家庭历来重视对孩子们进行民族文化教育，注重通过家庭教育方式来继承和保存本民族的优秀传统文化。涉及的内容主要包括家庭教育、道德教育、祭祀仪式教育、风俗习惯教育以及历史文化知识教育等。

另外不同的民族文化在相互交流的过程中，自觉或不自觉地相互学习和渗透，你中有我，我中有你，既保留各自特色，又相互交融。壮族世代居住在丘陵或山区地带，周围居住有汉族、苗族、瑶族等民族。壮族与这些兄弟民族在世代交往过程中，在保留本民族文化特色的前提下，不断地吸收和借鉴了它们不少优秀的传统文化，从而不断地丰富和发展本民族的文化。百色壮族家庭教育在民族文化传承中的作用具体表现为以下几点。

（1）家庭教育是当地民族文化传承的起始点。正如前面所谈到的，家庭是重要的文化传承场所。家庭既是生产组织体，又是一个人成长的栖息地，更为重要的是家庭是儿童接受文化熏陶、完成社会化过程的主要场所。在传承民族文化方面，家庭环境的熏陶和影响发挥了关键作用，各地涌现的音乐世家、舞蹈世家、文学世家等，就是对家庭在传承民族文化方面的重大作用的最好体现。作为一种社会组织，家庭始终居于一个社会的中心。在对初始社会的研究中，许多人类学家都把人类精巧的亲属关系网，作为破解文化玄机的一把钥匙。从马林诺夫斯基"家庭是发生机的文化摇篮"，到墨菲"亲属关系是古代社会的真正结构"，再到基辛"亲属关系是一切价值的焦点"，其中无不渗透对家庭与文化传承关系的深切洞察。在任何地方、任何时代，家庭组合均以各种形式存在过，并不同程度地显示出根本作用。由此可见，家庭向来是文化传承的主要场所，是所有的文化中一种基本的传承与教育机制。家庭，就其体现着集中的、同时也是广泛的人们关系而言，是一切文化的基础学校。

在调研中，笔者及课题组成员深切地感受到家庭教育是民族文化传承的起始点。下面是课题组成员与广西靖西市旧州村小学教导主任的一些对话。

问：在当地的壮族文化传承中，你认为家庭教育起到什么作用？

答：家庭教育是启蒙性的，其实我个人认为许多民族的东西都是从小在家庭中，通过耳濡目染以及父母亲的言传身教逐步了解的。

问：譬如哪些方面？

答：比如壮话、民族风俗、民族性格等，这些在学校中孩子们是无法学到的。我们这里的壮族人之间都是用壮话沟通交流，另外，我们这里的壮族人热情好客、比较诚实，也很团结。小孩子们对这些民族的东西的了解与获得都是在家庭中逐步学会的。

（2）家庭教育是民族文化传承与人的社会化得以实现的会合点。民族文化内涵是扎根于民族社会实践中，反映少数民族生产生活的心理素质、精神理念、价值观念等，这是少数民族文化的本质和源头。在当地的调研过程中，壮族同胞热情好客，宽厚开朗的性格特征给我们留下了深刻的印象。不仅成人如此，孩子们也是这样。这些民族的精神文化的东西，正是一个民族最本质，内涵最丰富的文化根本。这些方面的传承需要孩子们长期的耳濡目染，更需要成人们在日常生产生活中言传身教，使孩子们潜移默化地内化这些精神文化的东西。

事实上，一个人最初的家庭关系，形成了他以后一切社会关系的模本。人成年后与其他人互动的模式，受到他早年生活经历和心理体验的极大制约。同样的，人成年后对文化要素的接受与选择，很大程度上也与他早年所接受的文化启蒙和教化有关，每个人人生历程的展开都是以他早年社会化的经历为基点的。与学校教育和社会教育相比较，家庭教育对于这些东西的传承具有独特的优势。在与当地的壮族同胞们交谈时，问他们在本民族的文化传承中，家庭教育、学校教育和社会教育哪个对他们影响最大，很多人回答是家庭教育。

下面是笔者在靖西市旧州村小学与三年级杨子涵小朋友的一些对话。

问：作为一个壮族小朋友，你觉得自己最大的优点是什么？

答：我好好地待同学们，给他们好东西吃，他们有困难我会帮助；还有我说话算数，他们都愿意跟我玩。

问：你这些优点跟谁学的呀？

答：跟我爸我妈，我爸告诉我：要做一个好孩子，就要好好地待人，要学会帮助别人，要说到做到，不能说假话。

此外，在旧州村，与村民刘中伟（壮族）的交谈中，笔者也感受到家庭教育在民族精神文化（尤其是民族文化的内涵）传承中的重要作用。他说：

我们虽然不很富裕，但心态好，什么事都拿得起来放得下；我们热情、豪爽、淳朴；我们团结互助，一家有事，八方支援；哪家杀猪宰羊，大家都会去祝贺，在一起大口吃肉，大碗喝酒，尽情地划拳、唱山歌。这些东西都是祖祖辈辈传下来的，社会再发展、再变化，我想这些也不会改变，因为这些东西是我们壮族最重要的，从小到大我们对它感情最深，也最在乎。无论我们的孩子走到哪里，这些民族的东西都不会丢失的。

因此，我们认为，家庭中传承的东西往往是本民族文化的精神内核，对此，儿童最难忘记，并影响其终身。

（3）家庭教育有利于家庭成员自觉主动地传承本民族文化。作为民族文化传承主体的广大家庭成员来说，其传承意识的强弱和态度与本民族文化传承息息相关，其传承意识越强，传承态度越积极，传承就越容易进行，传承效果就越好。

譬如日本，在现代化进程中，在模仿与创新中成功地传承了民族文化，保持了自己的文化特色，这跟大和民族家庭积极的传承态度、强烈的民族文化传承意识是分不开的。

而有的民族置身于自身文化环境中，对自己的文化熟视无睹，民族文化意识淡漠，最明显的表现就是对本民族文化的丧失反应淡漠，缺乏保护意识。

在广西德保县马爱乡，通过我们的调查（主要是访谈）发现，绝大多数的家长（主要是父母亲）对本民族的文化传承积极主动，自觉性较强。认为应该保持本民族的特色，尤其是本民族的风俗习惯、民间艺术等；并且在日常生活中自觉主动地把本民族的东西传递给自己的孩子们，主要有：从小学讲壮话，学习制作民族服饰，了解本民族的传统节日、婚丧仪式以及人际交往方式等。

下面是笔者对广西那坡县百省乡规六村规或一组邓江伟家（男主人，初中文化，建档立卡贫困家庭）访谈的一段对话：

　　问：你们家有几个人？

　　答：5个人，奶奶（88岁）、妈妈（52岁）、孩子的母亲、孩子（4岁）和我自己（邓江伟33岁）。

　　问：你认为当地壮族有特点的东西是什么？

　　答：主要有壮话、民族服装、民族节日、民族歌舞以及我们壮族热情好客的性格等。

　　问：都会讲壮语吗，愿意讲吗？如何学会的？家里人之间用壮语交流吗？

　　答：都会，当然愿意，从小跟着老人们学的，在家里，都用壮语交流。

　　问：都穿民族服装吗，喜欢穿吗？民族服装哪里来的？

　　答：中老年人都穿，也喜欢穿；服装都是自己缝制的。

　　问：对于本民族的这些东西，孩子们有必要学习继承吗？为什么？

　　答：孩子们肯定需要学习继承，因为这是壮族传统的东西，不能丢失。

　　从以上访谈可以看出，百色壮族的家长们对于本民族文化还是比较了解，对于民族文化的学习和传承积极主动，传承意识较强。因此，我们可以说，广大家长们自觉的文化传承意识和积极主动的传承态度能有效地促进壮族文化的传承。在某种意义上，家庭中父母传承意识和态度的强调就是某种文化的心理的重建，一旦有了文化心理作为铺垫，文化传承就多了一份自然进行的内在动力。

　　（4）家庭教育有助于家庭成员全面广泛地传承壮族文化。家庭是最重要的初级群体，是一个最充分的"人格互动的单元"。家庭成员之间是一种感情全面投入的面对面的互动。家庭互动的深刻性与全面性使其成为其他一切互动的基础。在家庭里，孩子们潜移默化地接受着文化熏陶，完成社会化过程。可以说，在民族文化传承方面，家庭环境的熏陶和影响发挥了关键作用，涉及的民族文化方面的内容十分广泛。在调查中，尽管大多数壮族家长由于受学校教育少，汉语表述得不流畅，而且不能十分科学、系统地阐述民族文化的东西，但从他们的言谈中，我们可以感受到对于本民族的东西，他们了解最多，感受最深，传承的愿望最强烈。譬如在广西那坡县城厢镇百马村，笔者对当地黑衣族同胞韦忠明家进行访谈时，当谈到壮族文化的有关内容时，他十分激动地向我们介绍了很多，包括他们的民族特征、风俗习惯、民间艺术等。尤其是风俗习惯和民间艺术方面，他更是如数家珍，下面是他的几段话：

　　我们壮族有悠久的历史和许多优秀的东西，最值得骄傲的就是壮族人的性格特点，我们平和包容、诚实守信、勤劳勇敢、热情好客等。尽管现在还很穷，但过得开心快乐，没有太多的欲望。

我们黑衣族的服装也很漂亮，特别是女子的。做一套服装要花几个月时间左右，大约几百块钱呢，全部是手工缝制的，它与我们壮族的历史和信仰有很大关系。比如我们黑衣壮穿的都是黑色土布衣裤，皆清一色着黑。黑衣壮族妇女中，人人都戴上头巾头饰，她们所戴的头巾头饰，已婚的和未婚的，戴的方式都不一样。男子着黑色头巾、黑色前盖大襟上衣、黑色宽脚裤，体现着一种浓浓的黑衣壮服饰文化。

我们壮族生活在山区，自由自在，喜欢自己编歌自己唱。有时还边唱边跳，茶余饭后，我们通常聚集在一起，吹着本民族的唢呐，唱唱跳跳，非常有意思。

我们最喜欢过的节日有"三月三"。"三月三"这一天，我们在山上选择一块宽阔的草地，组织活动，如对歌等，以庆祝当年丰收，预祝来年六畜兴旺、五谷丰登、家庭幸福。这天，大家都穿着崭新的衣服来赶集，如果哪个小伙子相中哪个姑娘，小伙子就可以主动去拉，如果她愿意跟着走，说明这对男女开始恋爱啦。

从以上的这些话语我们可以看到，许多壮族家长们对于本民族文化的东西，了解全面，感情深厚，他们通过家庭教育的方式，全面广泛地传承着本民族文化。

（5）家庭教育使民族文化传承具有较强的随机性和实用性。民族文化的传承离不开一定的方式。壮族同胞的民族文化传承方式主要有一对一、一对多、多对多三种方式。其中，一对一的方式是当地民族文化传承的主要方式，并且这种传承具有很强的随机性和实用性。

在家庭中，年长者（包括爷爷、奶奶或外公、外婆以及父母亲）在茶余饭后的火塘边、在生产劳作的田间地头、在重要集会节日来临前的准备中、在婚丧嫁娶的仪式中，通过讲解、示范、言传身教把民族的物质文化（主要包括语言、饮食、服饰、建筑等）和民族的精神文化（主要包括宗教信仰、民族意识、民族性格等）潜移默化地传递给下一代。这种传承方式简单实用，随机性较强。笔者在进行访谈时，大多数孩子们的回答充分说明了家庭教育在本民族文化传承中的随机性和简单实用性。下面是笔者与那坡县百省初中一年级学生邓伟宁（壮族）的一段谈话：

问：你了解你们壮族文化吗？都有哪些？如何了解的？

答：了解一些，譬如我们壮语、服装、壮族三月三等，从小在家里学的。

问：跟谁学的？怎么学的？

答：主要是跟奶奶，还有爸爸、妈妈学的；在家里的一日生活中、在田间地头他们随时会教我，有时候看多了就知道了。

在与其他孩子们的交谈中，大多数孩子也表达了共同的观点。因此，可以说大多数壮族家庭重视本民族文化的传承，传承的主要方式就是一对一、口耳授受，该方式简单实用，随机性较强。

### 4.1.2.3  家庭教育在民族文化传承中存在的主要问题

（1）家庭教育在民族文化传承中的基础作用没有得到充分发挥。在过去，百色区域绝大多数壮族同胞生活在交通不便、信息闭塞的山区。由于历史和地理的原因，他们生活还是比较贫困。多数人在自给自足的自然经济状态之下，生活方式封闭，受教育程度低。传统民族家庭教化的内容及方式，随着现代社会生产和生活的发展，似乎已逐渐远离人们的视野，部分曾被认为是传统美德的东西也遭到了不应有的"扬弃"。在调查访谈中，许多壮族家庭尽管对本民族的文化有所了解，也希望更好地把民族文化的东西传承下去。但由于贫穷，许多壮族家长存在着一定的民族自卑情结，对于家庭教育在民族文化传承中的重要作用认识不够，传承的主动性、积极性和意识性不高。使得当地许多年轻人对本民族的东西了解越来越少，一些人甚至不会说本民族语言，年轻人再也不穿本民族的服装等。

我们在百色市右江区三合村调研时，该村委会梁主任谈到当地民族文化传承现状时，他说道：

> 平时，村里很少组织民族文化表演活动，因为当地没有经费；还有就是老百姓没时间，他们每天都在田间地头劳作，维持生计。即使偶尔组织活动，主要是中老年人参加，年轻人参加很少。像在我们村，有好多家庭会唱壮族山歌、跳壮族舞蹈，还会做些刺绣，他们也想把这些民族传统才艺传给下一辈，但是年轻人们大多数都忙着在外面打工赚钱，以补贴家庭日常开支。

由此可见，由于当地经济十分落后，从而影响了家庭教育在民族文化传承中基础作用的充分发挥。

（2）某些政府部门对家庭教育在促进民族文化传承方面的扶持力度不够。要充分发挥家庭教育在民族文化传承中的重要作用，把民族文化更好地传承下来，当地政府有关部门的重视、支持尤为重要。也就是说需要政府部门制定相应的民族文化传承措施，加大扶持力度，使民族文化传承可持续化、规范化、实效化等。近年来，百色区域族民族文化传承研究活动也有了较大的发展，乡镇、村级组织也偶尔组织民间文化活动。但由于当地相关部门长期以来对民族文化扶持力度不够，使得当地壮族文化传承过程中遇到阻碍，进而影响家庭教育在民族文化传承中更好地发挥其应有的作用。

（3）部分家庭对本民族的文化缺乏足够的认识，传承的积极性不高。社会的发展和竞争的加剧，进步、民主、平等、自由等现代意识正在壮族人民心中催生，使许多少数民族家长已不再将"民族传统文化"当作教育子女的第一要务，不再重视对子女劳作观念及习惯的养成，而注重家庭教育的功利性，普遍关注子女知识技能的发展。在调研中，我们也发现当地的一些壮族同胞尽管对本民族的文化有所了解，譬如本民族的服饰、传统节日等，但对本民族的历史、文字、心理特征以及如何传承等方面认识较少。甚至少数家庭对本民族文化是否要传承给下一代，抱着很无所谓的态度。下面是笔者在右江区永乐华润希望小镇调研时，一位壮族家长（罗炳全）讲的一番话。他说：

> 我们当地壮族人都比较穷，我家因建房子现在还欠债一万多元。我们也喜欢本民族的歌舞和传统节日，但现在而言，对于我们来说，最重要的是赚钱养家糊口和还清债务。至于本民族的东西要不要传承下来，只有顺其自然了。而且现在的孩子大多在外面打工，也不太愿意学本民族的东西了，我们也没办法呀！

从他的这一番话中，可以看到，一些家庭对本民族的文化缺乏足够的认识，传承的积极性不高。这值得我们关注。

（4）传承方式过于简单，传承效果不够理想。由于当地壮族家庭大多数处在一种自给自足、经济相对落后的状态下，在本民族的文化传承中，传承的方式单一，主要就是通过家庭，在日常生活中通过示范模仿、教导聆听的方式进行传授。其行为系统主要包括在日常生活中所表现出来的具体行为方式、习惯及其背后支撑的伦理亲情、道德观念、生活制度、风俗习惯等。但是，在现代文明的冲击下，越来越多的壮族年轻人走出去，涌向都市。面对都市缤纷的色彩，他们逐渐淡忘了本民族的东西，民族文化的学习和传承对于他们来说无关紧要。甚至一些壮族青年不愿学习民族的文化，认为它是落后的。以上这些使得民族文化传承的效果不够理想，甚至令人担忧。新时期，如何处理好现代文明与多姿多彩的原生态民族文化的传承问题，值得我们思考。

（5）家庭教育、学校教育和社区教育联系不够。民族文化的传承需要家庭、学校和社区的密切合作。近年来，学校和社区开展了丰富多彩的民族文化活动。譬如，广西田林县职业技术学校编制并实施的民族文化校本课程。但是随着学校教育的制度化、终身化，家长将教化子女的责任推向学校和社会。家庭所固有的教育职能正在被日益发展且不断完善的社会福利设施及文化教育机构所代替，学校、社会教育在一定程度上为家长找到教育子女的替代途径，在减轻家长负担的同时，也降低了家长教育子女的自觉意识。但在调研中，我们也发现，家庭、学校和社区在民族文化的传承上联系不够，基本上各自开展各自的。尤其是家庭与学校的联系很少。这在一定程度上影响了民族文化的有效传承。

### 4.1.2.4  家庭教育中民族文化传承问题的对策与成效

**A  具体对策**

（1）促进经济发展，为家庭教育中的民族文化传承奠定经济基础。为了少数民族文化更好地传承和繁荣，最基本的措施就是要想方设法促进当地的经济发展，帮助当地壮族同胞解决温饱问题，并逐步过上小康生活。有了这个经济保障，才能激发其民族自豪感，使他们主动认识到繁荣民族文化的必要性和重要性，民族文化的传承才会顺畅和容易。长期以来，由于历史和地理条件的局限，部分居住在大石山区的壮族经济十分落后，民族文化曾一度沉寂。近年来，随着经济的发展，少数民族同胞的民族热情被充分激发起来，在茶余饭后，逐渐开展一些民族歌舞活动。但由于资金缺乏，政府对经费的支持不多，加上场地的限制，进而影响了民族文化活动的持续开展。作为民族文化传承的重要场所——家庭，也因社区和学校的文化活动状况影响了其在民族文化繁荣和传承中的积极性和主动性。

还有就是当地的大多数壮族家庭都比较贫穷，他们每天的精力主要放在田间地头上，正如在那坡县百省乡村调研时，当地群众邓江红的一句话使我们颇为感慨。他说：

　　我们都很喜欢本民族的东西，都希望把民族的精华传下去，但现在对我们来说，最重要的是生存！

由此可见，只有想方设法促进民族地区的经济发展，才可能为民族文化在家庭教育中的传承打下坚实的经济基础。让我们感到欣慰的是，当地村民正在政府的扶贫政策帮助下，逐步形成以种植产业，并初见成效，少数民族同胞的生活水平有了很大的改善。

（2）政府部门应采取有效措施，发挥引导家庭教育在民族文化传承中的基础作用。要充分发挥家庭教育在民族文化传承中的基础作用，需要各级政府的大力支持。尤其是县乡两级政府应采取各种积极有效措施，促进当地民族文化的繁荣和传承。

在走访中，我们深切地感受到：如果当地政府足够关注民族文化，那么，当地的民族文化活动就搞得有声有色；如果关注不够，那么，当地的民族文化活动就搞得较少，壮族同胞们传承本民族文化的积极性和主动性就降低。无论在德保县的马爱村、还是在靖西的旧州村，少数民族同胞都表达了一个共同的愿望：希望政府能采取各种有效措施，并通过必要的法律和行政手段确立少数民族文化在社会生活中的地位，从而促进民族文化的繁荣和积极传承。当然，在现代化的进程中，我们既要适应现代化建设的需要，又要注意保持当地的民族特色。因此，政府在制定相应的政策法规时，要充分考虑到当地少数民族的文化特点，处理好当地民族文化传承与经济发展的关系。

另外，由于少数民族在经济发展上相对落后，因此，在传承民族文化方面更需要政府在财政上给予大力支持，这对于发挥家庭教育在民族文化传承中的基础作用是必不可少的。

（3）增强少数民族家庭的民族自信心和民族文化传承意识。要更好地发挥家庭教育在民族文化传承中的作用，就必须不失时机地对当地少数民族群众进行民族意识的巩固，用本民族优秀传统文化来增强其民族自信心和自豪感。

我们知道，由于历史的原因，少数民族的文化一直处于相对弱势的地位。一些人，特别是一些少数民族家庭，认为本民族的东西是落后的。于是，越来越多的年轻人向往着现代的生活方式，尽可能多地摆脱本民族的东西。这种欲望已使他们对历代相传的民族习俗无暇顾及甚至不屑一顾。只有当一种文化为它的拥有者赢得心灵上的鼓舞和安慰时，这种文化才能得以自觉传承。

因此，进行民族意识教育显得尤为重要。我们应在少数民族较集中的地区开展本民族或多民族文化知识的教育，使少数民族从小就感受到本民族文化在社会发展中的作用和国家对民族文化的重视与保护，以提高少数民族传承本民族文化的自觉性和意识性，以民族优秀传统文化来增强少数民族群众的民族自信心和自豪感。同时，也要使他们明确本民族所处的历史阶段，从而改变对本民族传统文化的盲目崇拜，振奋民族精神，推动少数民族文化向现代化转变。这方面的工作，中职学校更要承担起责任。

（4）采取多种方式，提高家庭教育中民族文化传承的效果。正如前面提到，家庭教育中民族文化传承的方式主要有一对一、一对多以及多对多等。其中，一对一的方式是少数民族社会生活中的一种主要文化传承方式，这种传承多体现在生产生活以及民族民间技艺的传承上，如实现壮剧演艺、壮锦工艺等物质文化的世代相传。一对多也是一种常见的文化传承方式，这种方式传承更多的是民族意识、人际交往等精神文化方面的东西。多对多则是一种群体内部相互之间的传承，在这种传承中，每个社会成员都是民族文化的载体，都是民族文化传承不可缺少的要素。为了充分发挥家庭教育在民族文化传承中的重要作用，除了一对一这种主要的传承方式外，还应采取一对多和多对多等多种传承方式，从而提高传承的效果。

（5）传承中应尽量做到家庭教育与学校教育和社会教育的结合。传承民族文化，教育是关键，而文化的传承是通过人来进行的，因此，要繁荣和传承当地的少数民族民间文化，就要充分发挥家庭教育、学校教育和社会教育的作用，并尽量做到文化传承中三者相结合。

在调研中，我们感受到当地居民不太重视家庭教育传承民族文化的作用。我们知道，在传承民族文化方面，家庭环境的熏陶和影响发挥了关键作用，各地涌现的民间技艺世家，就是对家庭教育在传承民族文化方面的重大作用的最好体现。家庭教育是传承民族文化的重要途径，我们可以考虑给那些具有特色文化传统的家庭精神和物质方面的奖励，进一步激发他们传承民族文化的积极性和主动性。

当然，中职学校更应该是传承民族文化的重要场所，不仅要传授现代的科学技术知识，而且也要传授优秀的民族文化传统，这是当地中职教育的责任和义务。

另外，社会教育在传承民族文化方面也是负有责任的，社会环境会对人们的思想观念、行为方式产生重大的影响，特别是对未成年人的影响是潜移默化的。青少年善于模仿，追求潮流，这无可厚非，关键是社会为青少年的健康成长提供一个什么样的社会环境，这是值得我们深思的。

总之，在传承民族文化方面，要发挥家庭教育、学校教育和社会教育的作用，做到三者的有机结合，这是传承民族文化的重要途径。

B  所取得的成效

民族文化是一个民族的"根"和"魂"，是一个国家传统文化中不可或缺的有机组成部分，也是民族凝聚力的根本要素，还是一个国家和民族历史创造的集体记忆与精神寄托。近年来，随着我国经济实力的增强，国际地位的提升以及民族自信心的持续上升，传统文化和民族文化在实现国家经济、社会以及文化协调发展中的重要性受到更多的重视。

目前，地方各级政府十分重视少数民族文化传承与保护工作，出台了一些政策法规，做了一些实际工作，也取得一些成绩。譬如，近年来，广西壮族自治区各级党委、政府高度重视少数民族文化保护工作，以高度的文化自觉和文化自信，采取积极有效的政策措施，扎实推进少数民族文化保护工作，并取得了显著成效。

一是非物质文化遗产的申报工作有了良好起步。通过深入开展非物质文化遗产普查和建档工作，积极申报世界文化遗产和国家、自治区级非物质文化遗产名录，逐步建立非物质文化遗产传承保护中心和传承培训基地，不断加强民族民俗博物馆和民族生态区建设等措施，使一大批非物质文化遗产得到有效的保护。南宁建立了南宁市非物质文化遗产保护中心，设立非物质文化遗产保护工作局联席会议制度，有力推动非物质文化遗产保护工作开展；柳州积极开展"十佳民间艺人活动"，创新设立了参评人员签订《传承带徒承诺书》制度，保护和扶持传承人，民族民间艺术得到了很好的传承。具有壮族创世史诗性质的《布洛陀》与"侗族大歌""侗族木构建设营造技艺""苗族系列坡会""仫佬族依饭节""京族哈节"等入选国家级非物质文化遗产名录。河池市有国家级非物质文化遗产名录8个，自治区级非物质遗产名录24个，市级非物质文化遗产名录57个。

二是民族建筑保护工作成效显著。实施少数民族村寨防火改造工程，为1156个少数民族村寨筑起了一道坚固的村寨消防安全"防火墙"，使侗、苗、瑶族的吊脚楼得到较好的保护。

三是民族文化传承基地和生态保护区建设顺利推进。在三江侗族自治县建立了广西首个侗族非物质文化遗产保护展示中心以及侗族大歌、侗族木建筑营造技艺等8个传承基地以及三江侗族生态博物馆；在融水苗族自治县设立苗族系列坡会传承基地。

四是民族文化进校园的工作顺利开展。三江侗族自治县梅林中学2003年就制定了"创办民族特色学校具体方案"，成立领导小组和侗族文艺队，编写《民族文化进校园读本》《侗族音乐》等教材，把侗族大歌引进课堂教学，侗族歌舞、器乐引进第二课堂，并逐步对外演出。桂林市制定下发了《关于开展民族文化进校园活动的实施意见》；河池市民族文化进校园教材《最美河池——传承河池民族文化提高学生人文素养》等。南宁市开展了以民族歌曲进酒店、民族风情进校园、民族传统体育健身进机关等活动。

在民族文化传承方面，自治区教育厅、民委、人力资源社会保障厅和文化厅共同出台了《关于印发〈广西职业教育民族文化传承创新工程实施方案〉的通知》文件，学校主管部门和办学所在地教育、民族事务、人力资源社会保障、文化等部门加强统筹指导，从资源优化配备、师资培养培训、业务指导等方面予以重点扶持，进一步推动民族文化技艺传承与职业教育改革发展的有机对接。各基地学校要切实加强基地自身建设，积极探索民族文化的现代传承机制，推动民族文化融入学校教育过程，充分发挥职业教育在改革民间传统手工艺传承模式、非物质文化遗产传承人才培养等方面的功能，起到职业院校传承民族文化的示范作用。当然，也还存在不少的问题，譬如：民族文化资源流失严重，资金投入不足，对民族文化的传承人扶持不够，民族民间活动人才缺乏等。新时期，为了更好地促进各民族文化的传承和发展，需要各级部门、社会团体高度重视，积极参与，充分发挥社会、学校和家庭在民族文化传承中的积极作用，尤其是家庭教育在民族文化传承中的基础作用。

笔者认为，以学校教育为中心，以家庭教育、社区教育为两翼，辅以多种形式保护和传承民族文化，是当前民族文化传承发展的最有效方式。在这方面，百色的中职学校已经做了有效尝试，接下来是要进一步协调紧密结合，发挥各自优势，传承民族文化。具体措施如下。

（1）依托中职学校场所、一师一校点（大部分校点都有电视机、远程教育接收机）及乡广播站，采用多媒体教育和传播方式，以民族文化为主要内容进行宣传、广播、放映，吸引人们来收听、观看。我们在调研中发现当地人们特别喜爱观看本民族的歌舞活动碟片，这些碟片的内容都是他们自己出演并刻录的。这种方式既融合了家庭教育、社区教育的特点，又以学校教育场所为依托，内容也不脱离人们的生活实际，可使教育方式灵活多样，增强少数民族文化认同感，使民族文化具有传承下去的主体力量。

（2）将具有民族文化特长的，诸如民族歌舞、刺绣、唢呐吹奏、壮族婚丧嫁娶习俗的民间艺人请到中职学校里做民族文化活动的艺术指导或民族文化教育顾问，定期请他们来给学生做民族文化讲座，如讲述壮族民间故事传说等。这种措施可使校外民族文化传承的功能逐渐渗透到学校教育当中来，一方面丰富了学校教育内容，另一方面也使校外民族文化教育扩展到了其他领域，起到了延伸作用。

（3）以中职学校教育为场所，举办民族文化讲座，学校请教师、民族文化经验丰富者或学识丰富的人进行讲授，校外人员无论年龄大小均可参加。学校也可提供教育空间，有针对性地对家长开设与家庭教育有关的内容，让家长相互讨论与交流经验，提高家长素质。

总之，在现代社会，学校教育是文化传承的主渠道，但也要避免把所有的文化传承功能都由学校教育独自包揽的做法。我们认为，以学校教育为中心，以家庭教育、社区教育为两翼，以其他文化传承形式为辅助的文化传承方式的网络式关系的建立，必将促进少数民族的文化传承。

### 4.1.3　社区教育中的民族文化传承

随着现代化过程的进行，每一个民族都要在现代化与传统文化之间寻找平衡，丧失现代化将意味着民族的贫困，丧失传统文化则意味着民族的消亡。随着现代化的不断深入，许多民族文化优秀遗产正面临丧失。更为严重的是，如果对民族传统文化的深层结构问题处理不好，必将从心态与认同意识上伤害民族感情和民族关系。目前，许多学者都意识到开展有关少数民族文化的理论和实践研究的现实意义，也认识到教育在少数民族文化传承中所应当发挥的作用。教育一方面受到文化传统的影响，另一方面它又是发展文化、创造文化的重要的手段。文化的继承和发展依靠教育，当然这种教育不仅指学校教育，也包括了家庭教育、社区教育。从现状来看，我国的少数民族大多居住在贫困农村地区，社区教育是少数民族文化传承不可忽视的力量。下面以百色区域为例，分析当地社区教育中的民族文化传承的现状、作用及存在的问题，并提出相关对策思考。

由于农村地区的社区教育是政府统筹，以学校为主体，包含了学校教育、家庭教育和社会教育等方面，其教育对象则是从幼儿到老年的社区全体居民。结合社区教育的这一特点和百色壮族文化传承的现状，本书研究课题分别从以学校为依托的社区学习中心的壮族文化教育活动、乡政府组织的壮族文化活动、村民小组的壮族文化活动三个方面，分析当地社区教育中壮族文化传承的现状和问题。

为了得到更为客观的调查结果，课题组编制了"学生民族文化教育调查问卷"，分别围绕着壮族学生的民族意识、壮族学生对本民族文化的了解程度、壮族文化的传播途径、学校的壮族文化教育情况这四个维度，对百色区域社区学校中的壮族文化教育情况进行分析。此外，课题组编制了"中职学校教师民族文化教育调查问卷"，让被测教师自由作答。

"学生民族文化教育调查问卷"采取分层随机抽样法，以百色中职学校为调查点，分别选取了百色市民族卫生学校、德保县职业技术学校、靖西市职业技术学校、那坡县职业技术学校和田林县职业技术学校的学生作为施测对象，共发放问卷1500份，回收有效问卷1403份，回收率达93.53%。通过对该问卷的分析，我们期望从学生的视角了解百色区域社区学校当中壮族文化教育的情况。

对于"中职学校教师民族文化教育调查问卷"也采用随机抽样的形式，也以百色市民族卫生学校、德保县职业技术学校、靖西市职业技术学校、那坡县职业技术学校和田林县职业技术学校的教师为调查对象，共发放问卷300份，回收有效问卷287份，回收率95.67%。通过这份问卷的调查分析，我们期望从教师的视角去了解社区学校当中壮族文化教育的情况。

### 4.1.3.1 社区教育中民族文化传承的基本情况

**A 壮族学生具备了一定的民族意识**

通过对"学生民族文化教育调查问卷"的分析，我们认为，社区学校中的壮族学生已普遍具备了一定的民族意识，主要表现在以下几个方面。

第一，壮族学生对自身民族身份的认同感。

在这个问题上，课题组设计了壮族学生"重新选择民族成分的倾向性"和"对民族荣誉感不强的人所持有的态度"两个项目。

从数据统计情况来看，被调查学生作为壮族当中的一员，还是较为认同自己的民族身份。如果让他们重新选择自己的民族成分的话，68.8%的壮族学生仍然坚持选择原来的民族身份，表明大部分同学还是非常认同自己的壮族身份。由此可以看出，对于壮族学生民族荣誉感的教育，引导他们形成积极的民族意识，学校教育起到了重要的作用。

第二，壮族学生对本民族文化的态度。

表4-4统计数据显示了壮族学生对本民族文化的态度。

从表4-4的统计数据解释了壮族学生接受壮族文化的动机，其中大部分同学选择的动机是喜欢和兴趣（45.1%）以及出于自身民族感情的需要（22.0%），有18.9%的同学把学习壮族文化和补充知识上的不足、提高自身素质联系在一起，8.6%的同学认为好奇是引发他们接受壮族文化的一个原因，仅有5.4%的同学认为他们是被迫接受壮族文化。

**表 4-4　接受壮族文化的动机**

| 序　号 | 选　项 | 选择次数 | 占比/% |
|---|---|---|---|
| 1 | 被迫 | 73 | 5.4 |
| 2 | 好奇 | 121 | 8.6 |
| 3 | 喜欢和兴趣 | 633 | 45.1 |
| 4 | 补充知识上的不足，提高自身素质 | 265 | 18.9 |
| 5 | 出于自身民族感情的需要 | 309 | 22.0 |

通过对表 4-4 数据分析可知：第一，大部分壮族学生对自己的民族有着强烈的感情，进而热爱自己的民族文化；第二，大部分壮族学生对本民族文化有着主动学习的态度；第三，大部分壮族学生肯定了学习壮族文化的作用，并建立了积极的学习动机。

B　壮族学生对本民族文化了解不够

通过调查壮族学生对本民族历史、风俗习惯、宗教信仰、民族体育、民族歌舞、民族文化内涵六个方面的了解情况，可以看出壮族学生对本民族文化已具有了一定的认识，但他们的认识并不深刻。

表 4-5 分项显示了壮族学生对各类壮族文化的了解情况，比较各项统计数据来看，选择主要分布在风俗习惯和民族歌舞两个项目之上，其中，对风俗习惯选择非常了解的占 16.7%，一般了解的占 38.2%，而对于民族歌舞非常了解的有 12%，一般了解的 21.2%。从对其他几个项目的了解程度由深到浅的情况来看，依次排列为民族体育、民族历史、民族文化的内涵、宗教信仰。总体上来看，目前，被调查的壮族学生对于壮族文化了解还不深，主要集中在对风俗习惯、民族歌舞、民族体育等外在的传统文化表现形式的了解上，对于较深层次的民族历史、宗教信仰、民族文化的内涵等方面的了解不足。

**表 4-5　壮族学生对壮族文化的了解程度**　　　　　　　（%）

| 选　项 | 非常了解 | 一般了解 | 知道一点 | 不知道 |
|---|---|---|---|---|
| 民族历史 | 8.3 | 24.9 | 50.5 | 16.3 |
| 风俗习惯 | 16.7 | 38.2 | 41.1 | 4.0 |
| 宗教信仰 | 5.1 | 15.7 | 21.6 | 57.6 |
| 民族体育 | 13.9 | 25.5 | 27.5 | 33.4 |
| 民族歌舞 | 12.0 | 21.2 | 27.8 | 39.0 |
| 民族文化的内涵 | 3.6 | 17.9 | 33.1 | 45.4 |

C　各类壮族文化活动是壮族文化传承的主要途径

在对"学生民族文化调查问卷"的三个项目的统计分析的基础上，可以发现，目前，各种形式的壮族文化活动是百色区域壮族文化传递的主要途径。具体的统计数据如图 4-1、图 4-2 和表 4-6 所示。

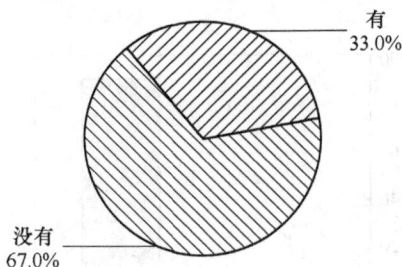

图 4-1　家庭中壮族文化教育的情况

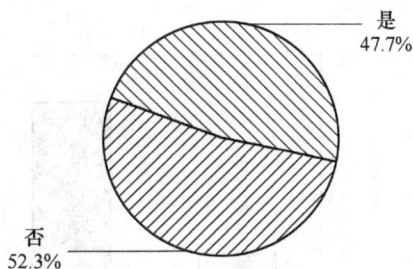

图 4-2　壮族文化活动的参与情况

表 4-6　了解本民族文化的途径

| 序　号 | 选　　项 | 选择次数 | 占比/% |
|---|---|---|---|
| 1 | 学校教育 | 622 | 44.3 |
| 2 | 家庭熏陶 | 721 | 51.4 |
| 3 | 村民自发组织的民族活动 | 745 | 53.1 |
| 4 | 乡里组织的民族活动 | 558 | 39.8 |
| 5 | 阅读相关书刊报纸 | 274 | 19.5 |
| 6 | 电视媒体的宣传介绍 | 237 | 16.9 |
| 7 | 其他途径 | 268 | 19.1 |

　　从图 4-1、图 4-2 及表 4-6 的统计数据，可看出被调查学生了解本民族文化依次是通过：村民自发组织的民族活动（53.1%）、家庭熏陶（51.4%）、学校教育（44.3%）、乡里组织的民族活动（39.8%）、阅读相关书刊报纸（19.5%）、电视媒体的宣传介绍（16.9%）等几个方面的途径。由此我们可以得出：各类民族活动是壮族文化得以传递的重要方式；同时，家庭教育和学校教育也是传承民族文化不可或缺的力量，但目前尚未完全发挥出这两方面对壮族文化传承的作用；电视媒体和书报杂志对于被调查学生了解本民族文化有一定的影响，但还远远不是壮族文化传承的主渠道。此外，为防止调查者所设选项有以偏概全的问题，表 4-6 所示的多选题特别设置了选项七，让被调查学生写出尚存的其他途径，以期更全面地了解壮族文化传承的途径。值得注意的是：有不少学生写到他们是通过对同族人日常生活的耳濡目染而自然了解到本民族文化的。

　　D　学校的壮族文化教育活动尚未深入开展起来

　　第一，学校已开展的壮族文化教育的情况。

　　为了全面了解中职学校当中壮族文化教育的情况，在"学生民族文化调查问卷"中设置了如图 4-3、图 4-4 所示的两方面的问题。统计结果显示，虽然壮族学生普遍具有学习本民族文化的热情，但目前中职学校中的壮族文化教育尚未深入开展起来。

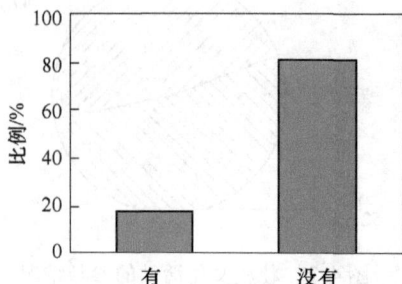

图 4-3　学校中学习壮族历史
文化等知识的情况

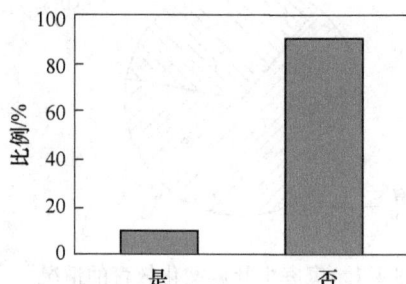

图 4-4　学校开设壮族文化
课程的情况

　　从图 4-3 和图 4-4 的统计数据可以看出，89.3% 的学生认为学校没有为他们开设壮族文化的课程，83.1% 的学生认为没有在学校学过有关壮族历史、文化等方面的知识，少部分同学提到在上课时，有个别老师会给他们讲一些有关民族历史、风俗习惯方面的知识。由此可见，学校的壮族文化教育活动目前还没有深入开展起来。

　　同时，我们也在面向教师发放的"教师民族文化教育调查问卷"中设置了类似的问题。通过对这份开放式问卷中比较有代表性的答卷的分析，也可以看出，学校教师也普遍认为目前学校教育中壮族文化教育活动开展得比较少。偶尔涉及的活动大多是有关壮族服饰、壮族歌舞、壮族传统体育等方面的内容。在该问卷中，不少教师谈道，由于现阶段在学校中开展壮族文化教育活动受到很多因素的制约，致使这些活动很难开展起来。他们认为学校中片面追求考分、升学率的做法使他们没有精力再从事壮族文化教育活动。而且学校对于此类教育活动也没有提出系统明确的教育目标和教育内容，学校和当地政府对民族文化的认识不足、重视不够也影响了活动的开展。师资、经费、壮族学生自身民族意识等问题也是制约此类活动开展的瓶颈。

　　第二，壮族教师和学生对于在学校开展壮族文化教育的看法。

　　壮族学生对于学校开展壮族文化教育的看法，主要体现在"学生民族文化调查问卷"的统计结果中，具体情况如图 4-5、图 4-6 所示。

　　图 4-5 中 58.1% 的学生认为学校有必要进行壮族文化教育，26.7% 的学生对是否开展壮族文化教育无所谓，有 13.5% 的学生觉得没必要进行壮族文化教育。同时，从图 4-6 看出，有 53.6% 的学生认为学校应该加强壮族文化教育，22.2% 的学生有着与前者相反的意见，而 19.8% 的学生对学校是否加强壮族文化教育持无所谓的态度。

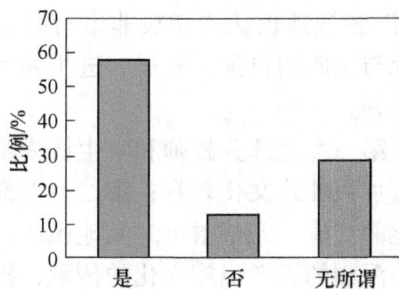

图 4-5　学校进行壮族文化
教育的必要性

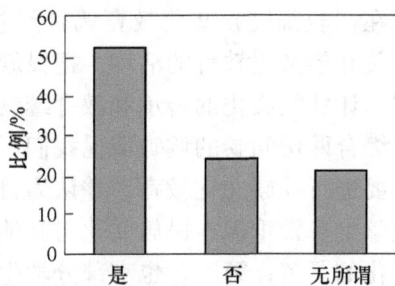

图 4-6　学校加强壮族文化
教育的必要性

学校加强壮族学生对本民族文化了解程度的方式问卷调查结果见表 4-7。从表 4-7 中我们可以看出，68.4%的被调查学生认为学校应该通过开展民族文化活动，促进民族文化交流的方式加强壮族学生对本民族传统文化的了解，其次有57.7%的被调查学生认为通过开设壮族文化课程的方式促进了解，43.1%的学生认为应该采用在平时的课堂中逐渐渗透的方式促进了解。

表 4-7　学校加强壮族学生对本民族文化了解程度的方式

| 序　号 | 选　项 | 选 择 次 数 | 占比/% |
| --- | --- | --- | --- |
| 1 | 开设壮族文化课 | 810 | 57.7 |
| 2 | 在平时的课堂中逐渐渗透 | 605 | 43.1 |
| 3 | 开展民族文化活动，促进民族文化交流 | 960 | 68.4 |
| 4 | 乡里组织的民族活动 | 470 | 33.5 |

学校教育中最应针对壮族学生加强的教育内容问卷调查结果见表 4-8。表 4-8的统计数据显示，66.6%的被调查学生认为学校教育最应重视增进壮族学生对其他民族、其他文化的了解的教育；56.3%的学生认为应重视传承壮族文化的教育；47.5%的学生认为应重视壮族学生适应现代社会的发展的教育；39.2%的学生认为应加强对壮族学生民族意识的教育。

表 4-8　学校教育中最应针对壮族学生加强的教育内容

| 序　号 | 选　项 | 选 择 次 数 | 占比/% |
| --- | --- | --- | --- |
| 1 | 加强本民族意识 | 47 | 39.2 |
| 2 | 传承壮族文化 | 58 | 56.3 |
| 3 | 增进对其他民族、其他文化的了解 | 82 | 66.6 |
| 4 | 适应现代社会的发展 | 48 | 47.5 |
| 5 | 其他 | 20 | 18.7 |

在"教师民族文化教育调查问卷"中，许多教师也认为学校非常有必要开展相关壮族文化教育的活动。把民族文化传承与民族的自强、发展、进步联系在一起，让壮族文化的传承和教育继续更好地展开。

综合两份问卷的调查情况我们可以看出：第一，大部分教师和学生认为学校有必要进行壮族文化教育，并认为目前学校应加强壮族文化教育；第二，大部分壮族学生非常重视本民族文化与其他民族文化的交流，希望增进对其他民族、其他文化的了解；第三，也有部分学生能够更为深刻的思考民族文化的传承，提出要以发展的眼光看待民族文化，正确认识本民族文化，选择民族文化中文明进步的方面对学生进行教育。

### 4.1.3.2　社区教育在民族文化传承中的作用

**A　以学校为依托的社区学习中心的教育模式**

目前，在百色的各中职学校都是社区教育学校，还设立乡镇（街道）的社区学习中心，这一做法是希望充分利用当地现有的学校教育资源为社区发展服务。各街道社区也设有社区学习中心。广西广播电视大学百色分校承担起牵头学校的作用。这种多方参与的组织形式，可以有效地协调社区中的各种力量，让他们为实现共同的社区教育目标服务。然而，目前，这种社区学校的教育模式还处于实践探索阶段。对于整个百色区域来说，它所能够产生的影响还远远不够，因此，这种社区教育模式还需要在更多范围内推广，可以尝试以更多的乡镇初中或小学校为依托建立类似的社区学习中心，为社区发展服务。右江区永乐镇社区学习中心在开展的各种农业技术培训活动中积累了许多成功的经验，它邀请农业技术专家作为培训指导教师，直接面向社区村民开展芒果、西瓜种植等农业技术培训。这些农业培训的成功经验，让社区学习中心成为当地壮族文化传承和发展的推动力量。

**B　政府的统筹作用**

百色市各县（市、区）政府在一些民族文化活动中发挥了主导作用，这对于扩大这些活动的影响力，推动当地民族文化传承有着积极的意义。例如，田阳县人民政府连续数年组织的"三月三敢壮山歌圩"庆祝活动，在当地社区群众中产生了巨大的反响，这也使得传统的三月三节日气氛更加浓厚。在庆祝活动中，田阳县人民政府为一些民族文化创造展示的机会，并以此为契机，邀请社会各界广泛参与到活动中来，这有利于扩大当地民族文化的社会影响力。同时，田阳县人民政府以政策为基础，为当地民族文化传承和发展创造条件。例如利用国家"新农村建设"的优惠政策，将那生屯定为"新农村建设"的文化试点村，引进资金帮助那生屯村民修缮道路用以改善他们的生活条件，为他们搭建活动场地用以完善当地的文化基础设施。这些做法对当地壮族文化的发展起着直接的推动作用。田阳人民政府还投入资金建设各乡镇文化站。这种以政策为基础,积极为当地民族文化的传承和发展创造条件的做法值得借鉴。在这些活动中,县、乡政府始终担当着统筹领导的角色,这将有利于当地民族文化的传承和发展。

C 村民小组开展民族文化活动的自觉性

田阳县那生屯村民小组开展民族文化活动的自觉意识值得鼓励。在这些活动当中,村民主动参与的热情都非常高。例如,在那生屯的民族歌舞活动中,村民不论男女老幼一起参与活动的热情,是该村形成民族文化特色的基础;各种体育比赛活动,如篮球等,吸引了众多壮族村民的关注,每次活动都有大批的群众报名参加。这种村民自主开展活动的方式,使得当地壮族文化能够继续融入人们的日常生活中去,扩大壮族文化的影响力,促进壮族文化的传承。从调研资料来看,这些积极开展文化活动的村落,各种壮族文化保持的情况普遍较好。因此,提高全乡范围内各村落自觉活动的意识对于推动当地壮族文化的传承与发展极为重要。

德保县马爱乡村民自觉开展节日文化活动的组织方式很有特色。其中,活动组织的计划性,是主要特色之一。例如,深受壮族群众喜爱的春节篮球比赛就是由各村落联合举办的。举办者对活动时间的确定、场地的选择、赛程的安排、奖励方式等方面都制订了具体的计划。这些计划是确保活动顺利进行的关键。另一方面,当地群众常以团体的方式组织或参与这类壮族文化活动。如现在田阳县百育镇的村民就同时活跃着几支各具特色的壮族舞狮队,他们经常以团体的方式参加各种表演。这种团体组织方式有利于扩大这些壮族文化活动的规模和影响力。在活动的宣传方面,村民开始将现代影音技术运用于各种活动之中。如将壮族歌舞表演刻录成光盘在市场上销售,既可扩大活动的影响力,又可以给村民带来经济效益。

### 4.1.3.3 社区教育中民族文化传承的问题

A 新时期民族文化传承机制的变异

民族文化范围很广,涉及人们生活的方方面面。而百色壮族文化在百色地区的文化土壤中产生,并随着岁月的积淀而不断发展丰富,形成了一套适应于早期相对封闭的农耕环境的民族文化传承机制。它主要是以家庭传承为主渠道,通过日常生活的耳濡目染无意识地传承。这些早期形成的文化传承机制使得壮族文化顺利地在族群中实现代际传递。然而,通过调查问卷的分析发现,现阶段壮族学生对自己本民族的文化都是一知半解,他们在家庭当中很少能够接触到壮族文化,在周围的环境中所能感受到的壮族文化也很少。只有少数远离乡镇中心,交通相对不便的村寨仍保留有较为浓厚的民族习俗。这些曾经为壮族村民所熟悉的民族习俗、民族技艺只是作为少数村民的个人爱好被保留下来，这对于当地壮族文化无疑是一个危险的信号。如果不加以保护，这些壮族文化则面临被同化、消解的危机。

当前的民族文化传承现状提醒我们：当地原有的民族文化传承机制已经不能适应新时期的发展需要，欲保持和传承当地的民族文化，就必须努力探寻并建立起一套更加符合当地实际的、新时期的文化传承机制。

B　社区教育中民族文化选择的狭隘性

随着社会的发展，当地壮族人民的经济水平有所提高，以社区教育学校为中心的社区教育也在初步开展起来。当地社区教育大多是以宣传科技兴农政策，帮助村民转变思想，学习先进的科学技术和技能，改善群众经济状况等方面为重点。另一方面，为了促进民族文化传承，丰富群众的精神文化生活，当地的社区教育也组织了一些有关民族文化的教育活动。在我们的调研过程中，分别以三方面为研究视角，对当地以中职学校为依托的社区学习中心的民族文化教育、乡镇（街道）政府组织的民族文化活动、村民小组的民族文化活动进行了解。

在调查中我们发现，当地社区教育的这三个方面大都是以活动为主线的民族文化教育模式，在这些民族文化活动中，他们都无一例外地将注意力集中在对壮族歌舞、器乐、服饰、体育等外在的文化表现形式的展示上。实际上，民族文化的表现可分为外在和内在两种。外在表现是指民族的衣食住行等特点的表现；而内在表现则是在有关心理方面深层次的文化表现与活动，它包括该民族的祖先观念、家乡观念、习惯意识、价值取向、道德礼仪、民族情感、兴趣爱好、审美标准、心理状态等，它们是民族文化中最稳定的部分。这些部分才是衡量民族间差异的决定性因素。广西百色的社区教育忽视了当地壮族文化的内在表现形式，对隐藏于外在形式之下的民族文化内涵挖掘不够。调查中常常发现，当问及壮族歌舞、器乐、服饰、体育等文化时，当地村民大都能够向我们介绍一些，但是当我们把问题深入调查到壮族文化的内在表现方面时，许多村民都说不出所以然。总的看来，当地社区教育对壮族文化的选择、整理还只是停留在一个较狭隘的层次上，这对于当地壮族文化的传承和发展是极为不利的。

C　社区教育中民族文化创新功能的缺失

在我们课题组的整个调查过程中，使我们感受很深的是，无论是县、乡人民政府分管文化的领导，还是学校的校长和老师，或是普通的壮族村民，都认为保护和传承壮族文化是非常有必要的。然而，在许多壮族村落里，我们已经几乎感受不到壮族文化的氛围。壮族村民曾经居住的木式房屋已被汉族民居所取代；传统手工制作的壮族服饰也不再是壮族男女服饰的主调，简单轻便的现代汉族服饰变成了大多数壮民的首选；只有在少数的几个壮族村落中还保留有壮族歌舞、器乐的风俗。对于更多的村民来说，这些曾经帮助他们传情达意、娱乐交流的重要工具已经远离了他们的日常生活。

从课题调研中，我们发现，县、乡级政府对于当地壮族文化还是比较重视的，并做了一些具体的工作。然而，目前政府文化工作的重心是以民族文化的保护为主，他们力图通过一系列的措施来保持当地壮族文化的原貌，但是现实的状况离他们所期望的结果相去甚远。在访谈中，隆林各族自治县职业技术学校的吴校长谈道："现在隆林县的乡级民族文化活动主要以德峨乡为主，这里开展得比较好，而其他村落没有开展民族文化活动，只是婚俗这些没有变化，但是歌舞都没有再做了。"由此可知，在这里，壮族文化相对而言是一种弱势文化，需要不断加以保护。

但是，保护也分为两种形式——有发展的保护和没有发展的保护，我们要提倡的是那种有发展的保护。从民族文化的远景来看，过分强调传统文化的保留，而否定传统文化动态存在的客观规律，即消极的文化保护观念，是不足取的。由此看来，对于当地壮族文化的传承，社区教育还只是停留在消极的文化保护状态，并没有真正承担起壮族文化创新的任务，这使得当地壮族文化很难在更大的范围内得以传承和发展。

D　社区学校中民族教育的"普适化"倾向

学校在社区教育中是极为重要的可利用资源之一。百色的社区学习中心就是以市、县、乡级社区教育学校为依托建立起来的，学校中的部分教育设施面向社区内全体村民开放，学校的校长和老师也承担了社区学习中心的大部分工作。社区学习中心一方面为居民提供关于科技、种植和养殖等的培训，另一方面将这些培训活动贯穿在学校日常教学过程中。总体上看，社区学习中心在技能培训方面还是积累了一些成功的经验。虽然大多数教师也认同学校教育是保护和发展民族文化的重要途径，但是与技能培训相比，民族文化教育活动在社区学习中心里似乎仍是很难常规化开展起来。

仔细分析目前社区教育学校的教育现状，我们不难发现，学校教育与我国大多数少数民族地区的学校教育一样，都带有明显的"普适化"教育的倾向。"普适化"教育是一种以汉语言为主要载体、以现代科技文化知识为主要传播内容的普适性教育。这种教育对于沟通和联络不同族群间的思想，传播现代文明成果功不可没。但是，它忽视边远地区少数民族文化个性及文化程度。民族教育理论中所规定的民族教育的培养目标在"高考"和"就业"的指挥下偏离了航道，学校教师和家长将更多的精力集中在对孩子进行实用科技和现代文化为主的知识教育上，学校教育中仅有的一点关于民族文化的教育内容被迫降到辅助性的或第二课堂的选修课上，一些响应民族教育政策而开发出来的地方性校本教材在学生巨大的考试和升学压力中被迫束之高阁。

#### 4.1.3.4 社区教育中民族文化传承存在问题的对策思考

**A 保护和建构民族文化的传承机制**

**a 重视民族文化载体的保护与建设**

每一个民族的文化都有其赖以生存的文化载体，它们以各种各样的方式承载起传承本民族文化的重任，影响着民族中的个体自觉地遵循和维护民族文化中所蕴含的民族的价值观念和精神。百色区域壮族的民歌、舞蹈、服饰、刺绣工艺、语言、仪式本身是壮族文化的外在表现；同时，它们又是民族文化内在表现的文化载体，蕴藏在这些外在形式之下的是壮族文化的深层内涵。因此，对于这些外在形式的壮族文化的保护显得尤为重要。然而，作为壮族文化的一部分，它自身的传承，也有赖于在其长期的发展过程中所形成的文化载体对其发挥的作用。如壮族民歌内容和舞蹈动作大多以表达爱情为主。产生这一倾向的原因在于，壮族的婚恋习俗别具特色，对歌是壮族青年男女交流和表达爱意的主要方式；而唢呐等民族乐器，则是作为早期壮族丧葬、节日仪式上的重要仪式被保留下来，因此，目前口头传承下来的唢呐曲调主要是以喜庆调、哀伤调为主。由此看来，当地壮族的婚恋习俗就成了壮族歌舞文化传播的载体和媒介；而壮族民乐的传播则以当地丧葬、节日仪式为载体。然而，随着时代的发展，异质文化不断进入，传统的壮族文化载体难以为继，它们已不能承担起壮族文化传递的重任。

要保护和建构民族文化的传承机制，一方面可以对一些现存的、尚可利用的传统文化载体采取保护性措施，有意识地引导当地群众保留部分极具地方特色的风俗习惯，使其作为民族文化的载体继续发挥文化传承的功能。另一方面，对于一些由于形势变化而难以为继的文化载体，要探讨出一套切实可行的建设性措施，通过研究积极寻求新的文化载体。例如上文中提到的壮族歌舞所依赖的文化载体功能的弱化，单纯依靠壮族传统婚恋习俗作为歌舞文化的载体是远远不够的，需要进一步寻求符合新形势下发展需要的文化载体。

**b 拓展民族文化的传承途径**

结合众多关于文化传承的研究成果发现，不管是哪个民族，它的文化要实现代际间传递都需要凭借一定的途径，许多经历了漫长的历史进程，拥有着多姿多彩、风格各异的文化的民族，其文化传承的途径就显得更为独特并富有成效，他们通过学校教育、家庭和社区等途径来影响居民，从而实现本民族文化的传递。与这些民族相比较，早期壮族文化的传承途径和方式显得较为单一。通过调查发现，百色早期的壮族文化传承主要是以家庭教育为主要途径，青年一代通过参与村寨的群体生活无意识地接受并传递当地壮族文化。然而，现阶段家庭教育的文化传承功能逐渐被弱化，社区教育的文化传承功能则逐渐显现出来。当地群众利用政府、社区学校等社区资源开展了一系列社区教育活动，对当地壮族文化的传承产生积极的影响，壮族文化传承的方式也呈现更加多样化发展的趋势。但是目前以社区教育为民族文化传承主渠道，而淡化家庭教育功能的做法，又使它陷入了以单一途径传承民族文化的误区。要更好地传承和发展民族文化，就必须走多元化发展的道路，积极拓展民族文化的传承途径。

（1）要善于发现社区中一切可利用的教育资源来促进民族文化传承。当前的许多问题都来源于资金问题。百色作为一个老少边山穷地区，地方财政有限，当地政府在开展工作时常常感到捉襟见肘。虽然目前由政府和社区教育学校主导的社区教育对于当地民族文化传承也做了一些具有建设性意义的工作，但是从整体范围来看，其影响力和覆盖面还比较小。然而，与资金紧缺问题相对的是当地现有社区教育资源的浪费。以社区教育学校为例，目前，学校除维持正常教学活动之外，还要抽调教师开展社区学习中心的教学和管理工作，教师工作量非常大，无暇顾及民族文化的教育活动。由此，可以看出，在经费相对短缺的情况下并不是不能开展民族文化活动，关键在于要善于开拓和利用社区中一切现有的资源，以拓展民族文化传承的途径。

（2）要在社区教育中更加突出学校教育、家庭教育的作用以拓展民族文化的传承途径。壮民族文化的传承，早期以家庭教育为主要途径，而现阶段社区教育所担当的文化传承功能更加凸显出来，但两者都有着传承途径单一的倾向。作为一种制度化的教育形式，学校教育集中了最优质的教育资源，是培养和教育人才的专门化机构，面对的是最广大的青少年群体。因此，应该尽可能地利用好学校教育资源，将民族文化教育纳入学校教育体系中去，使少数民族青少年能够更多地接触到本民族的传统文化。同时，作为人生最初的教育场所，家庭教育在人的成长过程中也起着至关重要的作用。作为早期民族文化传承的主要途径，家庭教育曾经影响了一代又一代的少数民族青少年主动接受并维护当地的民族文化。无论何时，都不能忽视家庭教育途径的作用。

c 丰富民族文化的传承方式

与许多有着丰富的民族传统文化的少数民族一样，早期的壮族文化传承主要是通过家庭成员之间一对一的教育方式进行的。这种一对一的传承方式多体现在日常生活、生产技能方面的传承和某些特殊技艺的传承中。除此之外，一些属于民族文化心态和观念形态的东西也蕴含在其中被世代沿袭下来。这种一对一的传承方式大多采用口耳相传的形式。百色地区壮族的许多传统技艺至今还沿袭着这样的传承方式。这种传承方式在早期相对封闭的农耕环境下发挥了巨大的作用，使民族文化得以延续和发展。

然而，这种传承方式也有着明显的不足之处，在现代社会逐渐凸显出来。由于家庭教育的特殊性，父母对子女的教育通常是一对一的形式，通过口头讲述或行为示范的方式传达自己的意愿，使得许多壮族文化无文字记载，许多珍贵的民族传统技艺在传递的过程中被遗失或者是被改变原貌，这使得我们在梳理当地壮族文化发展的脉络时变得异常困难。这对于当地壮族文化的传承和发展是极为不利的。因此，在现阶段促进民族文化传承的实践中，要尽可能地丰富和发展当地民族文化的传承方式。

（1）要尽可能发展一对多、多对多的文化传承方式。这两种形式的文化传承方式，有利于扩大民族文化的传播范围。目前，百色当地具有壮族文化技艺的村民越来越少，如擅长唢呐的村民就很少了，且分布在各个村庄之中。如果还仅仅是依靠一对一的家庭教育作为当地民族文化传承的主要途径和方式的话，那当地民族文化就只能在少数村落和少数个人当中传递，影响范围将非常小。一对多和多对多的传承方式较适合在社区教育中广泛运用。然而，现阶段的社区教育将此类传承方式运用于实践的范例还比较少。

（2）要广泛结合语言、文字、影音技术在传承民族文化中的优势。壮族有自己的民族语言，壮族语言在壮族文化传承中一直承担着极为重要的作用。相比较而言，文字在壮族文化传承中的作用几乎为零。课题组在调研中发现，目前，能够流传下来的有关壮族文化的文字记载非常少，许多优秀的壮族文化只能单纯依赖于语言的方式进行传递，而不能得到专门的收集和整理。随着当地经济发展，当地群众的生活水平有所提高，人们的教育意识也有所增强，壮族青少年普遍接受了正规教育，文化水平较过去有了很大的提高。

此外，在调研的过程中，我们还欣喜地发现近年来影音技术在当地壮族文化传承中的应用，村民们自发制作的光盘记录下了当地各种丰富多彩的民歌。文字和影音技术的应用对于当地壮族文化传承来说是一个质的飞跃，这使得当地壮族文化告别了单一的口耳相传的历史，打破时空的界限，得以在更广的范围内传播。由此看来，语言、文字、影音技术的应用在当地民族文化传承中各有其优势的方面，如果能够对它们加以综合利用，优势互补，这无疑将丰富民族文化的传承方式，更加有利于当地的民族文化的发展。

B  扩展和深化民族文化教育的内容

a  对外在形式下的民族文化进行系统的整理

无论民族文化表现得如何纷繁、复杂，通常都可将其分为外在和内在表现两种。民族文化中外在的表现部分因其外在的特征而较容易受到关注，而其中内在表现的部分则由于它内在的隐秘性而容易被忽视。百色的壮族文化也存在这样的特点。然而，在百色区域，这些外在的壮族文化有着非常丰富的表现形式，但是却缺乏系统的整理。目前，壮族的许多外在形式的民族文化处于各自为政的发展状态下，当地对于它们缺乏系统的调查和整理，这对于这些民族文化的长远发展是不利的。因此，必须充分调动社区中的人力资源，有意识地对当地民族的各种外在形式下的民族文化进行系统的归类和整理，找出其中真正属于民族文化的内容，并发现民族文化中创新的成分和不适应现实社会发展要求的方面，加以选择和扬弃，这样才能够使我们的社区教育更加有利于当地民族文化发展。

　　b　对内在形式下的民族文化进行深入的挖掘

　　少数民族文化中最不易把握的就是那些隐藏在外在文化形态之下的深层次的民族心理特征，我们又把它称为文化的内在表现形式。这些民族文化虽然没有丰富多彩的表现形式，却使得不同民族间的文化呈现出风格各异的形态。要读懂一个民族，就必须充分理解这些隐藏在外在形式之下的民族文化的内在表现形式，把握住这个民族深层次的心理特征。

　　百色壮民族文化也处处体现着这个民族在长期的历史发展过程中所形成的民族心理特征，只有在对壮族的历史和生活环境、心理状态等方面充分了解的基础上才能够真正理解当地壮族文化的内涵和它们被赋予的现实意义。然而，现阶段的社区教育对当地壮族文化的内在表现形式关注不够，挖掘得也不多，对于他们的深层心理特征知之甚少。这使得长期以来，在百色区域的社区中所开展的有关于民族文化传承的教育活动总是浮于外在文化展示的层面上，而不能深入下去。

　　要改变民族文化传承的现状，深入挖掘民族文化的内涵，一方面应该充分利用当地社区教育的现有资源，最大限度地整合社区中的各种力量；另一方面，对已挖掘出的部分要加以整理和归类，总结出当地民族的深层心理特征。同时，社区教育要善于发现其中具有积极的、现实意义的部分作为社区教育的内容，让更多的民族群众更加深入地了解自己民族的文化，并产生强烈的民族认同感。

　　c　对民族文化的发展脉络进行专门的梳理

　　对一个民族的文化发展的脉络进行专门的梳理，将有助于理解这个民族的发展历程。同时，只有当真正认识到这个民族发展的历程时，才会更加珍视这些随着民族的发展而不断积淀下来的民族文化。由此看来，每一个民族都应该对自己的文化发展脉络进行专门的梳理。目前，壮族文化教育多从横向的视角出发，注重于对现有文化的收集、整理和保护，它极少从纵向的、历史的角度去分析这些壮族文化发展的脉络。这种倾向使得人们普遍对当地的壮族文化的认识缺少一种系统的、整体的观念，也不可能真正意识到它对于当地社会发展的现实意义。要梳理民族文化发展的脉络，以目前的条件来看，并不是一朝一夕可以完成的，而是一项艰巨的任务，需要人们持之以恒地努力。首先，它需要建立在对外在和内在的两种表现形式的壮族文化的系统整理和充分挖掘的基础之上。只有在对现有的壮族文化极为了解的情况下，在收集并提炼了大量的信息之后，才能够试图着手开始这项工作。其次，仅仅依赖于社区中现有的人力资源，并不足以完成这项工作，它需要借助于更多的社会力量，吸引更多的研究者主动投身到壮族文化研究中去。虽然如此，还是要以此为目标，并逐步为实现这个目标而努力，因为，只有当我们积蓄了充分的力量之后，问题才有可能迎刃而解。

C　在社区教育中贯穿民族文化创新的精神

a　民族文化创新应以现实生活需要为基础

人们对于现实生活的需要是各民族文化得以生存和发展的动力。而且，当我们从民族文化产生的历史性角度来分析，会发现民族文化的出现也正是要让这个民族能够更好地适应于外界环境的需要。但是人们所处的外界环境总是在不断地发展变化，因此，民族文化必须进行不断的调适，否则它将无法适应各种由外界环境变化而引起的民族需求的变化。对此，我们可以把当地的民族文化划分为三个方面加以考查，看它们是否能够继续满足当地群众现实生活的需要。

（1）从物质文化的角度来看。它是通过人们制作的各种实物产品表现出来的，包括建筑物、服饰、食品、用品、工具等等，这些是与日常生活息息相关的方面，由于其直观性，而比较容易发现其中的问题，也更容易促使其发生转变。

（2）从制度、习俗文化的角度来看。它是通过人们共同遵守的社会规范和行为准则表现出来的，包括制度、法规以及乡规民约和风俗习惯。在很长的一段历史时期内，它们对于维护民族区域秩序起到了积极的作用。但是随着社会的发展和国家法制的不断健全，有一些制度和习俗文化与国家的法律、法规出现了相冲突的方面。这时就应该对其进行修改。但还有一些对于国家法制的推行具有辅助性作用的，可以鼓励其发展。

（3）从精神文化的角度来看。它是通过人们思维活动所形成的方式和产品表现出来的，包括价值观念、审美趣味、道德情操，也包括哲学、科学、文学艺术方面的成就和产品。这部分民族文化普遍具有隐秘性的特征，以人的精神活动为主要表现。然而，它们对于人类行为的影响却非常大，人类的许多行为受控于此。因此，对于这些精神文化的方面也要有意识地进行创新发展，让它们更具有现实意义。

b　民族文化的创新应以文化交流为动力

从各民族的历史来看，民族文化的发展总是在与外界动态交流中实现的。一种不与其他民族文化接触、交流的文化是不可能长期生存和发展的。现在有许多少数民族视外来文化如洪水猛兽，他们总是将视野锁定在外来文化如何对本土文化进行同化和侵略上，却很少意识到它们对于本土文化所具有的积极意义。因此，这些民族在处理外来文化和本土文化的关系时，常常持有一种敌视的、保守的态度，认为只要尽可能地不接触异质文化，就可以使自己的本土文化免受影响。然而，在日益开放的现代社会，要保护民族文化，一味地采用消极的措施是不现实的。要保护民族文化，就必须使本民族文化处于与外来文化的交流之中，使其获得充足的养料，为本民族文化的发展和创新提供源源不断的动力。因此，笔者把这种本土文化与外部文化的交流机制划分为两个互为辅助的方面。

（1）外部文化的引进机制。这种引进机制是要利用少数民族区域中的各种资源，为群众了解其他各民族文化搭建桥梁。而这些文化应该是经过仔细甄选的，属于各民族文化中的优秀因子，是对本民族文化的发展和群众精神文化素质的提高有推动作用的内容；要收集和整理其他少数民族文化发展的范例，从他们的实践中汲取经验教训，并结合本民族的具体情况进行思考，提出适合于本民族文化发展的工作思路和计划。

（2）本土文化的宣传机制。这里说到的宣传机制是要设法扩大本民族文化的影响力，可将这种影响力分成对内和对外两个方面。扩大对内的影响力，是要让少数民族群众充分了解到本民族文化，并能够深刻感受到这些民族文化在新时期的变化和发展，体会到这些变化和发展对于他们的现实生活的意义；扩大对外的影响力，是要让少数民族文化走出社区，让社区以外的更多的人了解并关注到自己的民族文化。

c 民族文化的创新应与经济发展相互动

文化对于经济发展具有能动作用，经济的发展也将会为文化的繁荣做贡献。民族的文化与经济发展是一个双向互动的过程，它们之间有相辅相成的关系。但另一方面，由于民族文化大都在落后的自然经济的土壤中生长起来，其中不可避免地存在一些不适应现代商品经济发展的因素。因此，民族文化只有在不断的创新与发展中才能满足经济发展的需要。同样，民族文化的创新和发展也要以经济发展为基础，两者相辅相成，这个民族才能够进步。百色属于经济相对落后的区域，抛开经济因素，单纯地追求民族文化的创新和发展是不现实的。为此，我们可以进行如下的实践探索。

（1）发挥本地民族文化对当地经济发展的辅助性功能。大多数时候，民族传统文化并不直接参与社区的经济活动，也不直接创造经济财富，而总是通过一些植根于文化价值观和态度的"无形"因素，妨碍企业竞争力和经济增长所必需的创造性和效率。现阶段，要从促进经济发展的角度，去审视这些决定民族心理特征和态度的民族文化，改造那些不适应现代商品经济发展的因素，发挥民族文化在经济发展中的辅助性功能。

（2）把创造民族文化作为当地新的经济增长点。改革开放以前，百色很多民族地区以农业生产为主要的经济增长方式，壮族人民以种植收入为主要经济来源。由于地形的特殊性，当地农民还主要是以人力耕种方式为主，效率低下，经济收入普遍不高。然而，与落后的经济现状相比，这里的文化却呈现出相对丰富的状态，他们有着丰富多彩的民族习俗文化、节日文化、艺术文化和工艺文化等。能否将这些少数民族文化转换为经济资源，使当地走上文化经济的发展道路，这对于改变当地贫困、落后的经济现状，促进少数民族文化的发展都有重要的意义。至于如何发展文化经济的具体措施，目前，许多少数民族已有成功的经验可以借鉴。笔者认为可以尝试从事"民族农家乐"的旅游项目开发，利用当地的优势，将当地壮族的特色民族文化与周边自然生态资源结合起来，将其打造成为旅游休闲的旅游项目等。当然，一个成功的旅游项目的开发是一个浩大的工程，需要大量资金的支持和众多环节的配合才可能实现。在现阶段，只有更加努力地突出自身特色，才可能吸引更多旅游开发项目和资金，为当地经济发展服务。

D   在社区学校教育中融入民族文化教育的内容

a   从思想上纠正社区学校教育对民族文化教育的轻视

虽然从民族教育的理论上，一直在强调民族教育的任务：一方面要使少数民族青少年能顺利地进入现代主流社会；另一方面还要力求保持和发展少数民族文化，使他们享有在本族聚居区实行自治的权利以及学习本族历史和弘扬民族文化的权利。但是从实际情况来看，各少数民族学校教育似乎都将注意力锁定在对前者教育任务的落实上，而对于后者却不加重视。加强民族地区中等职业学校的教育可以做如下尝试：

要让学校教育明确民族文化教育的重要性。在我们掌握了目前学校教育轻视思想产生的根源的基础上，就可以有针对性地制定计划，帮助学校领导、教师和学生家长转变观念，接受民族文化教育。但是，这其中还有一个非常关键的环节需要注意，该环节就是要让学校教育明确民族文化教育的重要性。目前，现代教育改革正在尝试改变学校教育过于注重功利性的倾向。然而，由于现行的教育评价制度没有改变，教育改革的成效不大，期望在各方能够普遍接受民族文化教育在学校中推行，那是不现实的。我们要让各方看到，在学校中推行民族文化教育不但不会影响到现行的教育秩序，而且还可能对学校教学活动有所促进。同时，要让人们意识到民族文化教育和目前的正规学校教育不是不可交会的平行线，它们是可以相互融合、相互促进的两个方面。这就需要通过进一步研究，寻找出民族文化教育与正规学校教育之间最完美的结合点。

b   从行为上落实社区学校中有关民族文化教育的工作

思想转化的结果最终要通过行为表现出来。民族文化教育不能只停留在民族教育理性层面，而应该落实到少数民族学校教育的实践中去。目前，国内的研究者对此也提出了一些具体方案。不管采用何种方案，都要把握以下具体原则。

一是应该将少数民族文化教育的内容融入学校教学环境中去。在此，特别使用了"融入"两个字，是希望强调，少数民族文化教育与学校教育的结合不是简单的加法运算，而是要寻找到两者之间最佳的结合点，要根据各民族文化与学校教学的具体情况进行设计，不提倡套用统一的模式。

二是不鼓励盲目的教育试验。在每一种新的教育措施投入正常教学之前，都应该进行精心的设计和论证。失败的教育试验，将给参与试验的一大批学生带来不良的影响。因此，要以极为慎重的态度对待教育试验。民族文化走进学校，走入课堂对于许多少数民族地区的学校来说也是一项新的课题，也处于教育的试验阶段，对此也应该进行精心的设计和论证，才可投入教学实践中去。

c　从评价制度上保障社区学校民族文化教育的效果

学校教育评价是人们根据一定的教育目标和教育价值，运用科学的方法和程序，对教育活动、教育过程和教育结果进行价值判断，为改进教育工作和教育决策提供依据的过程。将这种教育评价过程，用制度化的形式固定下来，就形成了学校教育的评价制度。教育评价制度的确立，对学校教育实践活动的开展起着导向、激励、鉴定和反馈的作用。从这个意义上来看，我们应该积极建立针对民族地区社区学校民族文化教育的评价制度，用以促进民族文化教育在学校范围内的顺利实施。笔者认为，可以从以下几方面入手。

（1）要建立以民族文化教育为对象的教育评价指标体系。民族文化教育评价的各项指标的确立，必须建立在人们明确民族文化教育目标的基础上。要对民族地区的各级学校所承负的民族文化教育的任务和学生年龄特征、民族文化知识水平提出具体的要求。在此基础上，再去具体确定民族文化教育的评价指标，这样才能使这些评价指标更具有现实性和操作性。

（2）要定期在社区学校开展教育评价活动，并确立奖惩办法。要建立专门的民族文化教育评价机构，定期对学校的教学情况进行评价。这类教育评价机构应该和传统的学校教育评价机构相区别，既要鼓励那些懂得教育科学和评价规律的教育界人士参与，又要聘请一些熟知当地民族文化的社会人士加入民族文化教育评价中来。教育评价的结果反馈给参与评价的社区学校，并建立科学的奖惩办法。要对那些积极推行民族文化教育的学校和教师予以表彰，而对那些只做表面文章的学校和教师予以批评，并督促其改正。对于在评价中发现的一些彝族文化教育的成功经验，要予以推广。

总之，社区教育是民族文化传承和发展的重要推动力量。通过调动各种社区教育资源，有计划、有策略地在社区教育中开展各种民族文化活动，一定能够使民族文化重新焕发出活力。

## 4.2　百色中职学校传承发展区域民族文化成效

在课题组的调查中，当被问及"支持将民族文化引进校园的理由"时，76.5%的教师认为"利于满足学生的兴趣；利于丰富校园文化生活"，而高达91.3%的教师认为"这利于民族文化传承"。结合个别访谈分析，笔者认为，百色中等职业学校民族文化传承的成效，主要有以下几个方面。

（1）培养了学生学习民族文化知识的兴趣。培养学生学习民族文化知识的兴趣，利于其民族认同感的形成。民族传统文化是本民族人民大众在长期的生活中形成，蕴含着丰富的文化信息、生活素材及艺术养分。然而，随着一批民族民间艺人的离世，一些民族文化的瑰宝已经或行将成为"埋到坟墓里的文化"，民族文化传承人产生了断层现象。开展民族文化常识教育，让学生从了解民族风俗开始，继而了解民族的历史、民族文化艺术，使学生对本民族的知识及民族民间文化有一个深刻感性的认识。因此培养了学生学习民族文化知识的兴趣，增强了他们的民族自信心、自豪感，有利于其民族认同感的形成，也为进一步开展系统的民族理论、民族政策，以及民族团结教育打下了基础。通过前面的分析，可以看出，中等职业学校自推行民族文化进校园活动以来，教师、学生、家长、民间艺人的积极性都不同程度地被调动了起来，原本分散的力量逐渐凝聚，形成一股传承和发展民族文化的力量。

（2）链接了学校文化与校外文化，开辟了民族文化传承的新途径。百色的壮族文化进校园之前，壮族地区主要是通过建立壮族文化专题博物馆等措施保护民族传统文化的。壮族文化进入校园以后，各学校通过课程、主题活动课等形式保护和传承壮族文化，培养年轻一代的民族文化传承人，初步实现了壮族文化由"静态"保护向"动态"传承的转变。学校将当地的家庭和社区连接为一体，凭借学校的综合资源，以校园为基地，对壮族传统文化进行承前启后的挖掘和传承。在这一过程中，学生们通过了解自己的民族，了解自己民族的历史，了解自己民族的文化，强化了对自己民族文化的认同感和自豪感，使壮族文化传承具备"造血"功能，继而形成"连锁式"的"学生影响家庭，家庭影响村寨（社区），村寨（社区）影响社会"的壮族文化弘扬与传承模式。这有效链接了过去存在的民族地区学校文化与家庭文化、社区文化的断裂，为民族文化有效传承开辟了一条新的路径。如百色市民族卫生学校开展的校馆合作，将学校、红色文化纪念馆、中职学生这三者之间资源进行整合利用，有效提升学生政治素质和道德素质，切实增强师生传承红色文化的意识，实现"百色红色文化在中职学校的传承与实践"常态化发展，为构建社会主义和谐社会提供支持，对红色文化进行有效的传承与发展、对学校教书育人、对教育学生如何为人都有重大的研究意义。

（3）丰富了教育内容，促进职业教育办学特色化。民族文化进校园之前，学校教育存在行政管理统得过死和各学校情况复杂多样的矛盾。在实施民族文化进校园活动中，民族地区学校根据学生的民族成分和当地的民族文化特点，以及学校自身的优势确定活动项目、内容和实施计划，教育行政部门也改变过往的"一刀切"做法，转而会同当地民族工作部门实施监督、指导及评估的职能。如那坡县职业技术学校因地制宜地对黑衣壮的歌舞、服饰等开展研究和传承，极大地丰富了学校教育的内容，这一方面培养了学生的良好品德，另一方面也能够为当地旅游服务培养人才，从而推动了民族教育的改革。靖西市职业学校组织学生于 2017 年 8 月参加由广西教育厅主办、广西电视台协办的现场直播"挑战技能王"的比赛，让更多的人了解靖西的刺绣，靖西的绣球。该绣球专场已在 2017

年9月2日晚在广西电视台公共频道播出，同时该校携带部分学生作品于2017年9月11~12日参加2017年中国-东盟职业教育联展暨论坛，披肩、绣球等作品受到社会各界人士的好评，办学特色逐步显现。

（4）促进了当地社会经济的发展。民族地区由于历史和自然条件的原因，当地社会经济的发展被一定程度制约，因此，一个很现实的问题是：当地群众对教育的期望更多地偏重于教育能否改善家庭的经济条件，这就意味着民族教育须更直接地服务于当地的经济社会发展。在这方面，靖西市职业技术学校把专业设置与壮锦技艺的传承结合起来，技能培训培养了一批民族技艺人才，学生的作品如绣球、刺绣等成了旅游点的旅游纪念品，这为民族文化进校园活动的经济功能延展提供了机会，学校教育成了保住旅游经济灵魂的有效途径；德保县职业技术学校总结了多年来德保矮马资源保护与产业开发实践经验，分析德保矮马产业发展现状、存在的困难和问题、发展前景，提出今后德保矮马产业发展的对策和建议；那坡县职业技术学校把黑衣壮文化传承发展和当地经济发展结合起来，在保护发展民族文化的同时，也推动了当地经济发展和社会进步，实现黑衣壮文化传承与经济增长双赢。

# 5 中职教育与民族文化传承的若干理论思考

在第 4 章中，阐述了中职学校传承和发展民族文化的路径和成效。本章将在第 4 章的基础上，从宏观的视角探讨中职教育中的民族文化传承面临的问题和挑战。

## 5.1 中职教育在民族文化传承中的问题透视

### 5.1.1 经济全球化时代中职教育在传承民族文化中面临的挑战

#### 5.1.1.1 经济全球化的内涵与特征

1985 年，经济学家 T. 莱维用"全球化"来形容 20 世纪 60 年代以来国际经济发生的巨大变化——商品、服务、资本和技术在世界性生产、消费和投资领域中的扩张，在学术界产生了很大的影响。此后许多学者开始频频使用"经济全球化"一词。

总之，经济全球化强调世界各国之间的相互合作、相互依存以及政治、经济、文化的联系日益密切等方面。它是人类社会发展到一定历史阶段，由于生产力的发展与科学技术的进步，以经济为主导的政治、经济、文化、教育、社会生活等诸方面在全球范围内互动的历史过程和客观趋势。

#### 5.1.1.2 经济全球化时代文化的相互影响

A 经济全球化背景下文化的相互影响

经济全球化的过程也是各种文化相互影响的过程。文化影响是指在多样性文化的传播与交流过程中，异域文化之间由陌生、差异所引发的碰撞的文化现象。文化影响既是一个现象，也是一个过程，包含多层次、多方面的内容。在形式上，文化影响表现为同一种文化在不同历史时期的不同发展阶段之间的纵向影响、同一文化内部不同派别之间和不同特质文化之间的横向影响；在内容上，文化影响主要表现为传统文化与现代文化、东方文化与西方文化、物质文化与精神文化、强势文化与弱势文化等方面的影响。对少数民族地区的民族文化传承而言，经济全球化背景下的文化影响主要表现为以下两个方面：

(1) 少数民族传统文化与现代文化的相互影响。少数民族传统文化是指少数民族传统的文化，包括历代存在过的种种物质的、制度的和精神的文化实体和文化意识，如民族服饰、生活习俗、古典诗文、忠孝观念之类，即通常所讲的少数民族文化遗产。现代文化主要指由传统社会向经济富裕、政治稳定、科技发达的现代社会过渡中形成的文化。它凸显的是个性、主体性，彰显着社会的进步。在我国，少数民族传统文化与现代文化在结构文化、制度文化、形式文化、观念文化和心理文化等方面均存在着差异。这些差异在我国当代社会发展中是客观存在的，对少数民族地区的社会发展的影响也是客观存在的。

（2）少数民族地区本土文化与外来文化的相互影响。外来文化在这里主要指以全球经济一体化的思维模式和行为模式为基化交流和融合，这种文化交流和融合既指世界不同文化之间的相互作用，又指经济全球化取向的文化与个别文化之间的相互交流和融合。其中，在后者的相互关系中相互影响更为深刻——主要体现为经济全球化取向的文化与在前经济全球化时期已经形成的少数民族本土文化之间的影响。少数民族本土文化中不善竞争、经验直观的思维模式等难以适应经济全球化取向的文化，在相互影响的过程中促进了少数民族文化的创新和进步。同时，少数民族文化的创新和进步，也促进了经济全球化取向的文化的发展，都是相互促进同时又相互影响的关系。

B 经济全球化对少数民族文化的影响

在经济全球化的进程中，世界各民族的文化都相互影响着。总体而言，经济全球化对少数民族文化的影响主要表现为以下三个方面：

第一，文化与经济的日益全球化使全球化取向的文化处于一定的优势。文化发展无疑要受到经济发展的制约，但文化作为一种观念形态的社会意识现象，其发展具有一定的独立性，有时甚至是比较强的独立性。然而，在全球化的条件下，这种独立性逐渐被削弱，文化与经济被硬性地捆绑在一起，经济上的优势衍生出文化上的优势，经济文化化、文化经济化成为经济全球化的一个突出现象。在这种背景下，似乎经济越发达，民族文化也就越具备优势性。

第二，单向的文化输出使少数民族文化受到一定的冲击。从理论上说，经济全球化中的文化交流应该是双向的、平等的。但在目前条件下，双向的交流一定程度上变成了单向的文化输出：一方面，某些发达国家利用其先进的信息技术手段，如互联网、多媒体和遍及全球的传播媒介将本国文化渗透到世界各国，使得某些发展中国家的思想意识、价值体系、民族文化与信仰受到冲击；另一方面，某些发达国家又总是阻止有悖于它的价值观念的异国文化的传播。因此，在经济全球化的过程中，所谓的文化交流更多的是发达国家向发展中国家及其少数民族地区单向的文化输出，少数民族地区的思想意识、价值体系、民族文化受到较大冲击。

第三，日益膨胀的文化功能对民族地区的社会生活形成全面冲击。随着经济全球化的发展，文化开始跨越原有的学理层面，快速进入日常生活，对社会各领域形成巨大的冲击。西方文化的传播、扩散，不仅深刻地侵蚀着发展中国家的民族文化，而且潜移默化地影响着这些国家的生活方式、消费方式、生产方式以及人们的社会心理，其教化功能、消费功能、审美功能、经济功能等集于一身，发挥着越来越大的作用。特别是文化向心理层次的渗透，使人们的潜在欲望、需要和心理受到西方文化的左右，从而使得这些国家的社会发展失去了正常的社会心理基础。在这种状况下，发展中国家及其少数民族地区的社会生活受到了西方文化的全面冲击。

### 5.1.1.3  经济全球化进程中西方文化冲击及其对教育中民族文化传承的挑战

面对上述经济全球化带来的西方文化冲击，中职教育中的少数民族文化传承面临着严峻的挑战。

(1) 民族文化的生存和发展面临危机。20 世纪 80 年代以前，少数民族文化基本上是在当地延续，很少受到西方文化的冲击，即使受到其他民族的影响或被同化，也是从本民族的利益出发做出的选择。然而，20 世纪 80 年代特别是在 90 年代以后，在全球化的背景下，西方文化的渗透、扩张和文化价值的碰撞，开始威胁到少数民族的文化"安全"，甚至影响到其生存和发展。民族文化的维系是民族生存的重要前提和条件，民族文化的生存和发展受到了威胁，不仅影响到少数民族地区的文化生活和社会稳定，给少数民族地区带来一定的文化危机和民族危机，也使中职教育中的民族文化传承受到影响。

(2) 教育中民族文化传承的固定空间被打破。20 世纪 80 年代以前，民族文化传承基本上都是在特定的民族内部流传，而且所使用的语言和表达方式都具有明显的民族特色。20 世纪 80 年代以来，在现代化的进程中，特别是在今天经济全球化的条件下，资本和信息的自由流动，先进的传媒工具和技术手段使得文化信息在世界各地迅速传播，因而，传统意义上的民族文化传承正逐渐失去固定的空间，国家和民族的边界正在被消解。这样，中职教育中民族文化传承的空间有了较大的改变，已不可能局限于一个国家、一个民族范围内，其传承途径也发生了重大的变化，这都给中职教育中的民族文化传承提出了挑战。

(3) 民族认同面临危机。民族认同有广义和狭义之分，广义的民族认同是指个人对其所属民族国家成员身份的认定，以及由此引起的归属感、忠诚心和奉献精神；狭义的民族认同是指个人对其所属族群成员身份的认定，以及由此引起的归属感、忠诚心和奉献精神。多民族国家内的各少数民族在经济全球化的冲击下，既面临着狭义的民族认同危机，也面临着广义的民族认同危机。20 世纪 80 年代以前，我国少数民族在中华民族的大家庭中，较少面临民族认同危机；20

世纪80年代以后，随着经济全球化和西方文化的冲击，少数民族传统文化与西方文化的冲突逐渐明显，少数民族的本土文化与西方文化的冲突日益尖锐，少数民族的归属感、忠诚心和奉献精神受到影响。在这种状况下，少数民族文化传承遭遇困难，而少数民族文化中的思想意识、价值体系也难以通过家庭教育、社区教育和学校教育得以传承。

（4）教育中民族文化传承的选择日益艰难。一般而言，教育中的民族文化传承对外来文化的选择通常有两种情况：排斥和接纳。如果特定的少数民族文化环境相对封闭，外来文化的冲击力较弱，则教育中的民族文化传承必将强烈地受当地少数民族文化的影响，不易接纳外来文化，常常被排斥；如果特定的少数民族文化环境相对开放，外来文化的冲击力较强，则教育中的民族文化传承对外来文化的排斥力就较小。20世纪80年代以前，我国多数少数民族地区教育中的民族文化传承比较简单，大多传承我国优秀的中华民族文化和当地的少数民族文化。然而，20世纪90年代以来，在经济全球化的背景下，西方文化的冲击力之强，影响力之大，是绝大多数少数民族地区难以抵御和排斥的。在这种状况下，家庭教育、社区教育和学校教育中的民族文化传承的选择便受到很大冲击。

以上主要探讨了经济全球化对教育中民族文化传承提出的挑战。事实上，经济全球化是一把双刃剑，它既对教育中的民族文化传承造成了一定的压力，又为教育中的民族文化传承提供了难得的机遇。一是经济全球化有利于先进技术的迅速推广，有利于先进的思想理念、思维方式、价值观念和生活方式的迅速推广，可促进民族地区社会经济、政治、文化的发展，为教育中的民族文化传承奠定了良好的基础；二是经济全球化开阔了人们的视野，促使人们用一种新的眼光来环顾世界、审视自己的民族文化，可以进一步加深人们对本民族文化的认识，以便采取相应的对策促进教育中的民族文化传承；三是经济全球化的迅猛发展，为文化条件的改善和提高，为民族文化走向世界奠定了必要的基础，为教育中的民族文化传承提供了有利的条件。因此，应充分认识经济全球化对教育中的少数民族文化传承的利弊作用，积极面对经济全球化对教育中的民族文化传承提出的挑战，以教育促进民族文化的传承与发展。

### 5.1.1.4  教育中的民族文化传承与生活世界的分离

#### A  生活世界与科学世界的民族文化传承教育

20世纪20年代以后，西方的一些重要哲学流派，如现象学、分析哲学、存在主义和西方马克思主义等都比较明确地提出了有关生活世界的理论。关于生活世界的含义，哲学家们的看法不尽相同。现象学的主要代表人物胡塞尔认为生活世界是"客观性的起源领域"，"是由人所建构的、实践的周围世界，这个周围世界作为许多周围世界中的一个处在历史及其传统的视域之中"。分析哲学的代表人物维特根斯坦认为生活形式（即生活世界）就是人们在特定时代生活的方式，是指以一套语言游戏规则为基础的交流活动。存在主义的重要代表人物海德格尔认为世界（即生活世界）先于存在者，并规定存在者的存在。西方马克思主义流派的哈贝马斯认为，生活世界"构成直观现实的，因此是可信的，透明的，同时又是不能忽视的、预先论断的网"。总之，生活世界主要是指人们在生活中能够直接感知的具体而又现实的周围世界。

胡塞尔提出生活世界的概念主要是针对"科学世界"而言的。在他看来，科学世界是生活世界的抽象图景，是"原则上无法直观感受到的'逻辑的'亚建筑"。至于生活世界和科学世界的关系，胡塞尔认为，生活世界与科学世界相对立，生活世界是前概念的、在活生生的经验中直观地给予的世界，而科学世界是经过人类的理智活动高度抽象化和概念化了的理论世界。生活世界离我们的主体近，而科学世界离我们的主体远；生活世界可亲知，科学世界不可亲知；科学世界的真理性必须渗透到生活世界的直观经验中去，因而生活世界是科学世界的基础。

由此可见，在胡塞尔看来，生活世界是基础，是第一位的；科学世界是从属于生活世界的，是第二位的。如果如胡塞尔所言，人生存的世界可以分成生活世界和科学世界，那么，人类社会中的教育也可分为生活世界的教育和科学世界的教育，教育中的民族文化传承同样也可分为生活世界的民族文化传承教育和科学世界的民族文化传承教育。从上述生活世界和科学世界的关系来看，生活世界的民族文化传承教育是更为根本的，是科学世界的民族文化传承教育的基础和发源地。

在人类社会之初，科学世界的民族文化传承教育还没有从生活世界的民族文化传承教育中分化出来，民族文化传承教育还是生活世界的一部分，是和生活世界自在地融合在一起的。制度化教育产生以后，科学世界的民族文化传承教育逐渐从生活世界的民族文化传承教育中分离出来，这是教育中的民族文化传承和生活世界分离的开始。在前学校教育阶段，科学世界的民族文化传承教育还没有同生活世界的民族文化传承教育发生断裂，教育中的民族文化传承和生活世界的分离还不算严重。然而，进入学校教育阶段以后，由于理性的分裂以及对科学理性的盲目极端崇拜，现代教育的两大领域之间发生了断裂：一方面，现代人把派生的科学世界的教育当作"教育"本身，认为科学世界的教育就是人的全部教育，而更为根本的生活世界的教育却不知不觉地被遗忘了；另一方面，现代的科学世界教育又表现出悲壮的"浮士德"精神，在这种教育中，人为了取得知识和对自然的权力，放弃了对自身生命根本的关注，把自己的灵魂典当了出去。在这一阶段，科学世界的民族文化传承教育与生活世界的民族文化传承教育同样也发生了断裂。由此可见，教育中的民族文化传承和生活世界的分离过程，实际上就是科学世界的民族文化传承教育和生活世界的民族文化传承教育的分离过程，是教育中的民族文化传承逐渐脱离生活世界，失去其基础和发源地的过程。

B 生活世界的民族文化传承教育逐渐弱化

教育中的民族文化传承和生活世界的分离是世界教育中民族文化传承面临的普遍问题之一。生活世界的民族文化传承教育逐渐弱化，是指在现代社会，生活世界的民族文化传承教育功能呈现出萎缩的趋向。一方面，进入学校教育阶段以后，人们习惯上已将学校教育当作"教育"本身，即当作"全部"的教育。这样，科学世界的民族文化传承教育和生活世界的民族文化传承教育发生了断裂，生活世界的民族文化传承教育由于被排斥在社会意识地自觉视阈之外而逐渐呈现萎缩的趋向。另一方面，现代社会的发展又加剧了这种萎缩的趋向。随着经济的发展和科学事业的进步，人与自然、同伴交往的机会减少，间接经验增加，家庭和社会的教育功能有所减退，生活世界对人的民族文化传承教育功能明显萎缩了。这种萎缩突出表现在生活世界的民族文化传承教育的无理化，即生活世界的民族文化传承教育在结构上日益呈现出混沌与无序的特征。

从生活空间的物理性质来看，人们生活的基本空间主要涉及家庭、社会和学校三个方面。在此，我们主要从家庭生活和社会生活两个方面，探讨生活世界的民族文化传承教育逐渐弱化的问题。

(1) 家庭生活的民族文化传承教育逐渐弱化。20世纪80年代以来，由于教育观念、社会组织结构变化和现代文化的影响等原因，一些少数民族家庭生活中的民族文化传承教育功能开始出现萎缩的倾向。其主要表现有以下三个方面。

1) 部分少数民族家庭由于自身原因，很少向子女传授本民族文化。一些少数民族家庭由于贫困，存在着一定程度的民族自卑情结，很少向子女传授有关的民族文化知识和技能，更不注重培养子女的民族精神。在这部分少数民族的家庭中，很多人认为生活贫困是因为自己是少数民族出身，不愿传承本民族的文化。还有一些少数民族家庭没有认识到民族文化传承的重要性，向子女传授民族文化的积极性不高。受升学和就业形势的影响，这些少数民族家庭认为民族文化传承与否并不重要，重要的是子女能够读好书，有较好的前途。这些家庭很少有意识地向子女传授本民族的文化知识和技能，也不重视培养子女对本民族的情感。

2) 部分少数民族家庭的子女，学习本民族文化的积极性不高。还有一些少数民族家庭的子女被花样迭出的现代文化形式所吸引，越来越趋向现代外界的生活方式，对本民族的文化知识和技能没有兴趣，因此，学习本民族文化的积极性不高。

3) 少数民族社会的组织结构发生变化，造成家庭生活的民族文化传承教育逐渐萎缩。很多少数民族地区的青年男女都外出务工挣钱，家中留守的多为老人和儿童，传统的几代同堂的家族结构被隔代而居的结构替代，民族文化传承出现了断裂。

（2）社会生活的民族文化传承教育逐渐弱化。由于都市化程度的提高和大众传媒的影响等原因，很多少数民族社会生活中的民族文化传承教育功能出现了萎缩的倾向。其主要表现有以下两点。

1）社区生活的民族文化传承教育逐渐弱化。20世纪80年代以来，由于经济的迅速发展，产业结构的变化，使得我国都市化程度越来越高。随着城市人口的逐渐增多，农村人口越来越少，这对民族文化传承教育造成一些影响：一方面，随着城市化的发展，迁移到城市的新居民，由于工作繁忙和对社区缺乏感情，和社区内的其他成员来往较少；另一方面，随着农村人口越来越少，居住分散，农村社区逐渐弱化，社区教育的功能也有所减弱。总之，城市人口的过密化和农村人口的过疏化现象，导致了社区内人与人之间交流的减少，减弱了社区的亲和感，降低了社区民族文化传承的教育作用。

2）大众传媒的负面影响。随着信息社会的发展，大众传媒在人们的生活中起着越来越重要的作用。尽管大众传媒对社会生活中的民族文化传承教育有正面影响，但也存在着一定的负面影响：一方面，电视、互联网等大众媒介，由于其感性、直观和有趣等特征，吸引着人们，剥夺了他们有限的闲暇时间，减少了他们进行民族文化传承的时间；另一方面，大众传媒传播的不同的思想和理念，对人们起着潜移默化的影响，影响着社会生活中的民族文化传承教育。

C　科学世界的民族文化传承教育非生活化

科学世界的民族文化传承教育非生活化，是指科学世界的民族文化传承教育表现出一种与个体生活世界相脱节的趋向。在现代社会里，科学世界的民族文化传承教育所关注的焦点主要是那些抽象的概念体系，忽视"现实的、感性的、活生生的人"，遗忘了赖以生存的基础和发源地，于是便从生活世界的民族文化传承教育这一母体上断裂开来，成为"一个理性的孤岛"。日本学者石附实指出："近代以来，世界各国都以学校为中心。由于只顾追求效率至上的合理性、向一元化发展，这种'形式上的教育'，和各国、各地区自古以来扎根在生活中的教育，即不能诉诸合理性的'无形的教育'脱离开来，出现了学校教育和日常生活的文化分离现象。"石附实在这里所指的"日常生活的文化"，主要是用广义的文化概念表示日常生活世界；"形式上的教育"是指学校教育；"无形的教育"是指日常生活世界的教育。显然，石附实所说的学校教育和日常生活世界教育脱离的现象也包括民族文化传承教育在内。

和科学世界的其他教育一样，学校教育中的民族文化传承受"知识中心主义"的影响，"灌输"和"成人化"倾向比较明显。其主要表现有以下几个方面：

一是在历史、地理、语文等学科的教学中，教师很少联系当地少数民族文化的实际进行民族文化教育，不注重培养学生对本民族文化情感、态度和价值观；二是在学校规定的民族文化传承活动课中，教师一般根据编写的校本教材照本宣科地讲授民族文化知识，让学生死记硬背，对学生日常生活中涉及的民族文化方面的内容无暇顾及；三是教师很少把具有民族文化特长的社区居民或家长请到学校进行民族文化传承教育，以学生喜闻乐见的方式开展有组织、有计划的民族文化传承活动。学校教育中的民族文化传承没有真正结合社会生活现实，和学生的实际生活相脱离，不利于少数民族文化的传承。

千百年来，少数民族文化的延续和民族共同体的维系在很大程度上依赖于民族群体自己创造的一种原生态的、适宜的、内生的教育活动（如少数民族的传统习俗、宗教仪式、传统节日等），贯穿于民族个体的家庭和社会生活之中，通过家庭教育和社区教育的形式，使学生逐渐地适应和传承本民族的文化。现代的学校教育是大工业生产的产物，教育过程带有一定的"模式化"倾向，对于少数民族而言，它是一种"外植式"的教育。因此，要促进民族文化的传承，学校教育这种"外植式"的教育必须和"内生式"的教育相结合，才能取得良好的效果。

然而，大部分少数民族地区学校教育中的民族文化传承与社区教育和家庭教育中的民族文化传承缺乏有效的联系。教师们更多的是向学生传递书本知识，关心学生有没有掌握教材上的内容和知识，而对于他们在学校之外的生活却很少顾及。家长也很少参与学校的活动，与校方之间缺乏沟通和交流。很多家长把孩子送到学校最大的希望就是让孩子学习与升学和就业有关的知识，不在乎孩子是否了解民族文化知识、是否掌握民族文化技能、是否热爱自己的民族。可见，大部分少数民族地区的学校教育从形式到内容都与生活相脱离，与家庭教育和社区教育相脱离。学校教育中的民族文化传承游离于孩子的生活之外，传统的、内生的民族文化传承方式无法与学校教育相结合，影响少数民族文化的有效传承。

## 5.1.2　中职教育中民族文化传承的缺失

学校教育是文化传承的一个重要载体，对传承民族文化起着非常重要的作用。然而，事实上，民族文化传承并未真正成为当今我国少数民族地区学校教育中的重要内容，学校教育中的民族文化传承的缺失现象还比较严重。下面，就具体探讨中职教育中民族文化传承缺失的原因及表现。

### 5.1.2.1　中职教育中民族文化传承缺失的原因

造成学校教育中民族文化传承缺失的原因有很多，其主要原因有以下几个方面。

A　缺乏正确的价值观

如前所述，在经济全球化的影响下，我国的传统文化受到一定程度的冲击。

少数民族文化受到的冲击更为明显，其悠久的民族习俗、语言文字、生活方式等传统文化呈衰落趋势。在这种背景下，一些教育工作者由于趋利性价值观的影响而更注重外来文化，期望通过传授现代社会"主流"科学文化知识，使少数民族学生适应"主流"社会生活，并通过筛选和分配实现向上的社会流动，或由于缺乏"文化自觉"，对民族文化传承的重要性认识不足，或由于二者兼而有之，对学校教育中的民族文化传承还存在种种认识上的误区。例如，有的人视民族文化传承教育为"软任务"，视学校的升学率或就业率为"硬任务"，抓前者很难有成绩，因而工作上不重视，经费上不支持，教学中不研究；有些人认为民族文化传承教育不过是"一阵风"，过一段时间就会过去，因而得过且过，采取应付态度，还有一些人重申报而轻研究，重开发而轻管理，把申报有关民族文化传承教育的研究当作目的，当作"政绩"，而完成之后该做什么，他们就不考虑或很少考虑了。这些教育工作者错误的认识对学校中民族文化传承课程的设置、民族文化传承教育的内容、学校民族文化传承的氛围等产生了不良的影响，不能促使学生对本民族文化形成一定的情感、态度和价值观。

　　B　缺少相关的制度保障

　　目前，尽管许多国家都承认文化的多样性和民族文化传承在学校教育中的重要性，但实际上却没有相关的政策和制度保障民族文化传承教育在各级各类学校中的实施。我国亦如此，近年来，虽然已经有一些关于少数民族自治地区办学自主权利的规定，但由于考试、就业制度等措施还没有相应的规定，因此少数民族文化事实上很难被纳入正规的学校教育体系当中。受此影响，在少数民族地区教育部门颁布的文件和各类学校办学指导思想的描述中，甚至很难读到如何促进民族传统文化发展的字句，即使有一些零星的描述，也是远远不够的，不能指导和促进学校民族文化教育工作的贯彻落实。此外，很多学校没有设立专门的机构和人员来负责民族文化传承教育，使民族文化传承教育处于可有可无的状态。

　　20世纪90年代，在经济全球化的影响下，中国人开始关注中华民族的文化认同问题，"国学"重新为人们所关注。到21世纪初，"国学"开始升温。在国学热的影响下，一些省、市、自治区教育部门已经规定《三字经》《弟子规》等内容应进入少数民族地区的学校教育领域，而对于少数民族文化传承的教育内容还没有硬性的规定。可见，目前的学校教育政策与制度还未达到有效地促进学校教育中的少数民族文化传承。

　　C　片面追求就业率和升学率

　　当前，职业教育以就业为导向，这就促使社会以就业率和升学率作为衡量学生和学校的重要指标，给民族文化传承教育带来了一定的负面影响。

　　（1）促使学校和家庭以就业和升学为中心，忽视民族文化传承教育。片面追求就业和升学导致学校教育功能的衰退，即学校不是为了培养追求知识、追求真理的学生，不是为了发展学生的能力和个性而存在，而只是为了培养出更多掌握现代技术和技能的学生而努力。为此，就业率和考试成绩成为一些学校工作的中心，学生的身心健康、个性培养以及和与此无关的科目却受到了忽视，从而也忽视了民族文化传承教育。在此背景下，一些学校和家庭已没有余力重视和开展民族文化传承教育。

（2）给学生带来了一定的心理压力，使学生忽视民族文化传承教育。在我国的少数民族地区，很多中职学校或多或少地存在着片面追求就业率和升学率的倾向，这种倾向加剧了学生之间的竞争。一些中职学生为自己能否有一个好的就业或升入高一级学校而担心，因此，这就造成了一些学生注重考试课程而忽视民族文化传承课程，也不愿参加校内外的民族文化活动。

总之，片面追求就业率和升学率给学生、学校和家长都带来了一定的心理压力，使教育被异化为通过考试获得资格认证的工具，造成教师、学生和家长忽视民族文化传承教育的局面。

### 5.1.2.2 中职教育中民族文化传承缺失的表现

在上述原因的交互影响下，中职学校教育中存在着民族文化传承缺失的现象。具体表现如下。

A 忽视民族文化传承课程的设置和教学

（1）忽视民族文化传承课程的设置。根据我国新的课程政策，主要反映民族性的、地方性的文化知识的地方课程和校本课程在总课程中所占的比例为10%~12%。但事实上，在少数民族地区，一些中职学校并没有设置民族文化传承课程。

由于忽视民族文化传承的教育，有时民族文化传承课程被其他课程所替代，有时又被一些重大的活动所占用。有的老师说，各科教学和校内外其他活动也包含了民族文化传承教育的内容，所以堂而皇之地用其他课程或活动挤掉民族文化传承课程的时间。而事实上，尽管其他课程和活动包含了民族文化传承课程在内，但还是不能代表民族文化传承课程。因为从根本上来说，其他课程和活动并不可能像民族文化传承课程那样，从设计、进行到结束都围绕着民族文化传承教育来进行。因为没有时间上的保证，提高民族文化传承教育的有效性就成了一句空话。

（2）忽视民族文化传承课程的教学。尽管从理论上说，民族文化传承教育是以民族文化传承课程为主的。但是在实际工作中，出现了一种倾向——相比民族文化传承课程来说，大部分中职学校更重视其他教育活动中的民族文化传承。例如，多数教师在其有关民族文化传承教育的研究论文中，较多研究校本课程的编写、各学科和校内外活动中的民族文化传承教育，较少研究民族文化传承课程

的教学。造成这种现象的原因是多方面的：一是民族文化传承课程必须在规定的
时间内，完成规定的民族文化传承内容，因此教学任务比较重，不可能以生动活
泼的形式来完成所有的教学内容；二是民族文化传承课程中的民族文化传承内容
条条框框比较多，讲解起来容易给学生造成灌输和说教的印象，效果并不太好；
三是在各学科和校内外活动中所进行的民族文化传承教育虽然也包含了民族文化
传承的内容，但大多不是以一种灌输和说教的形式来进行的，形式比较活泼，因
此容易被学生所接受，效果也比较理想。

B  忽视全部教育活动中的民族文化传承教育

在中职学校的民族文化传承教育中往往有两种形式，一是直接方式；二是间
接方式。直接方式，就是指开设专门的民族文化传承课程，把教育内容编成教
材，通过教师的传授使学生理解并熟记规定的学习内容。间接的方式，指不开设
专门的民族文化传承课程，而是通过各学科的教育，同时开展民族文化传承实践
及课外活动等全面性的教育活动来实施民族文化传承教育。直接方式和间接方式
各有利弊，单靠一种方式往往难以取得理想的效果。直接方式和间接方式的综合
运用，似乎可以使民族文化传承教育达到理想的效果。但事实并非如此，这两种
方式的综合运用，也会使二者互相推卸责任，造成"形式上的重视"而"实际
上的忽视"。

在少数民族地区的中职学校，存在着轻视教育活动中的民族文化传承教育的
现象。这是因为，在设置了民族文化传承课程以后，一些学校的教师在原则上或
口头上强调民族文化传承教育，但在实践中却嫌麻烦，把民族文化传承教育的重
任全部推给民族文化传承课程。这样，全部教育活动中的民族文化传承教育就成
为民族文化课程的一种辅助形式、一种铺垫、一种点缀，而不是进行民族文化传
承教育的一种重要途径。与此同时，在未设置民族文化传承课程的学校，学校领
导和教师也未必重视民族文化传承教育，出现了表面上强调教育活动中的民族文
化传承教育，实质上忽视民族文化传承教育的现象。

C  忽视民族文化传承教育的师资培训

忽视民族文化传承教育的师资培训包括不重视职前培训和职后培训两个方
面，职前培训是指任用教师以前的教师培养，职后培训是指任用教师以后的教师
进修。

在少数民族地区教师的职前培训中，普遍存在着重视各科教学而忽视民族文
化传承教育的倾向。一般来说，无论是综合大学还是师范类大学，都尚未将民族
文化传承教育列为一门学科，民族文化传承教育大多以渗透在各科教学或以专题
讲座的形式来进行。这样，民族文化传承教育的职前培训就无法得到时间和质量
上的保证。近年来，随着经济全球化的发展和文化多样性的彰显，少数民族文化
传承问题也逐渐受到重视，大学和师范学院中有关民族文化传承教育的内容也有

所增加，但是总的来说，民族文化传承教育的职前培训还是没有受到充分重视。

一般来说，在中职学校，民族文化传承课程的教学是由中文老师负责的。虽然这些教师受过学科教育，但不等于他们就掌握了民族文化课程的有关知识和教学方法，就能搞好课堂教学。此外，组织学生校内外活动的教师和教其他学科的教师也必须了解和掌握有关的民族文化传承教育方面的知识和教学法，否则无法融会贯通，将民族文化传承教育的有关内容渗透到校内外活动和各科教学中。因此，民族文化传承教育的职后培训是搞好民族文化传承教育的关键。然而，事实上，中职学校教师接受民族文化传承教育职后培训的机会却比接受各科教学职后培训的机会少得多。教师的进修机构一般有三大类：大学或师范学院、广播电视及函授教育机构和教师在职校内进修。无论以上任何一种形式，教师接受各科教学培训的机会都比接受民族文化传承教育培训的机会多。

总之，尽管近年来各级教育部门开始重视民族文化传承教育，但在少数民族地区的中职学校仍然存在着忽视民族文化传承教育的倾向。民族文化传承教育在实际工作中被忽视，使民族文化传承教育在学校教育中的效果并不好。学校的民族文化传承教育的效果不佳，意味着学校的民族文化传承教育不够稳固、不够扎实，不能与社区和家庭形成合力，不能促使学生形成对本民族文化的情感与认同，对新时期的民族文化传承教育提出了更高的要求。

## 5.2 中职教育和民族文化传承发展的关系

### 5.2.1 中职教育对民族文化传承的影响

#### 5.2.1.1 中职教育对民族文化传承的促进作用

教育受文化的影响至深至久，而文化也需要依靠教育来传播和继承。少数民族地区的教育或多或少地受少数民族文化的影响，而少数民族文化也需要教育来传播和传承。与民族文化的横向传播不同，民族文化传承主要指人类共同体内部代际间的纵向传递。由此，教育对民族文化传承的促进作用主要是指教育的民族文化纵向传递功能，具体表现在以下几个方面。

A 促进民族文化的心理传承

民族文化传承是各种民族文化要素的传承，包括语言传承、行为传承、器物传承和心理传承等，其中最稳定、最持久、最核心的传承是心理传承。其原因有两个方面：首先，在一个民族共同体中，心理传承往往表现为民族意识的深层次积累，构成民族认同感的核心部分。其次，各种文化要素的传承都受制于心理传承，都围绕着它进行。教育能够促进各种民族文化要素的传承，尤其是心理传承。

（1）通过语言传承促进民族文化的心理传承。语言是文化的符号和载体，民族语言传承是民族文化传承的基本形式。一个民族的语言传承既传递着该民族共同的群体语言，也通过心理传承传递着民族的深层心理和认同意识：一方面，语意是深层的文化，包含着深刻的民族感情；另一方面，语言的达方式也是一个民族心态的反映，每个民族都有反语，都有含蓄表达就是明证。

在家庭教育和社区教育中，很多家长和社区居民不仅使用民族语言进行交流，而且也用民族语言和儿童进行交流、对儿童进行教育；在学校的隐性课程和显性课程中，教师在课堂上采用双语教学、在课后使用民族语言和学生交流，学生之间用民族语言交流，教师编写的校本教材中部分使用民族文字等。这些都能促进民族文化的语言传承和心理传承，增进人们的民族认同感和自豪感。

（2）通过行为传承和器物传承促进民族文化的心理传承。以仪式和宗教文化为主的行为传承和器物传承，在进行行为传承和器物传承的同时，也同样进行着深层的心理传承，而且各种仪式、器物都具有象征意义，都是心理传承的物质载体。例如，成人礼通过各种象征行为和体能考验，最终通过心理传承确认自己作为本民族成员所应承担的责任和义务；葬礼通过一种严格的程序和器物的传递，在一种肃穆和凝重的氛围中，通过心理传承确认生者的责任和义务；巫师、祭司借用器物，把民间流行的神话和民族的精神文化成果加以改造、记录，并在传承中通过神秘的行为、法器和祭场，施与强烈的感情，强化心理传承。

在社区教育和家庭教育中，祭司、长老、社区居民和家长等通过"濡化"等方式对年轻一代进行教育。濡化是部分有意识、部分无意识的学习过程，是靠老一代指示、引导并强迫年轻一代接受传统的思想和行为方式。濡化是使文化保持稳定的重要机制，是文化传统延续的途径，其自身包含各种各样的形式，家庭及社会的影响均在其内。在濡化中，社区教育和家庭教育发挥着一定的作用。祭司、长老、社区居民和家长等利用宗教和仪式等手段和方式将民族文化的价值规范和思想观念有意识或无意识地传递给下一代，使其掌握本民族的信仰和价值，形成"原初的信仰"。这样，年轻一代不仅通过行为传承和器物传承对外界事物做出取舍，而且会形成相应的心理结构，将民族文化的语言、知识、经验、情感等围绕价值观念有机地结合在一起，达成社会化。

B　促进民族文化的保存和积淀

民族文化的传承也是民族文化的保存和积淀的过程。一般来说，教育能够促进民族文化的保存和积淀。

（1）维持民族文化的生存。民族文化的传承是民族文化保存的过程。人创造民族文化，民族文化又缔造人，民族文化与文化主体的结合是通过"传"和"承"两个并存、继起的环节实现的。在这一过程中，人对民族文化的传承不是简单的传承，而是一个逻辑的、有机的组合过程，这才使民族文化在传承中呈现出稳定性、延续性和再生性等特点，从而促进了民族文化的保持与延续。教育能够维持民族文化的生存。

教育有三大基本组成要素：教育者、教育内容和受教育者。在民族文化的传承过程中，文化主体——教育者和受教育者通过教育活动传递和承接民族文化，以保持民族文化的生存和发展。在教育活动中传递的传统民族文化的价值规范、思想观念等，是该民族的基本内核。它在使后人对前人所创造的社会文化具有高度适应性的同时，也维持了民族文化的生存，保障了民族文化的延续和相对稳定。因此，通过教育对民族文化的传承尽管有所选择，但可以促进民族文化的保存，维持民族文化的生存。

（2）促进民族文化的积淀。民族文化的传承也是民族文化的积淀和传统的形成过程。由于民族文化传承具有稳定和模式化的特点和要求，所以文化主体根据价值选择所承接的文化为社会所接受，并有机地存在于该社会中，成为代代相传的稳定社会的要素，以文化有机复合体的形式在人类社会中发挥作用。对于民族共同体来说，这种传统是体现民族特点的不可或缺的要素，决定民族的深层心理。它联系着民族的过去，也联系着民族的现在和未来，因而是民族存在的基本条件。教育能够促进民族文化的积淀和传统的形成。

文化的积淀是文化累积和传播的结果。教育对文化的经久保存和传播，直接导致了一个民族文化的凝聚和积淀，形成了一种文化的基本内核。无论是家庭教育、社区教育还是学校教育，都经历了漫长的发展过程。在教育的发展过程中，教育对民族文化的传承也经历了"口耳相传""文字与学校"和"信息科技"的发展过程，从而使民族文化逐渐凝聚和积淀，并形成民族文化传统。由此可见，教育通过教育者的传递和受教育者的承接促进民族文化的积淀和文化传统的形成；在民族文化的积淀和文化传统的形成过程中，教育具有重要的作用。

C　促进民族文化的选择

民族文化传承机制包含了民族文化的选择机制。这是因为，价值判断是文化的有机构成形态，也是文化的内在属性。在文化传承属性内自然包含着这种属性的传递。以价值判断为特征的文化选择机制不仅与文化传承机制相伴而行，而且制约并促进传承机制的运作，使文化在发展中不仅具有稳定、模式化的特征，而且通过文化主体的价值判断对环境的变化做出合乎时代的选择，使文化具有阶段性、变异性的特质和时代特征。教育能够促进民族文化的选择。

受时代发展、社会需要、文化传统和受教育者发展水平等因素的影响，教育并不是简单地复制民族文化，而是有选择地进行传承。学校教育是有目的、有计划、有系统地培养人的过程，对民族文化的选择包括了对民族文化的挑选、糅合、加工整理等过程，选择民族文化贯穿于教育全过程的每一种活动中；社区教育和家庭教育的目的性、计划性和系统性虽不如学校教育，但也具有一定的选择性，以适应时代和环境的变化。

教育选择民族文化的功能主要有三种方式：（1）吸收，这是指教育对民族文化因素的认可、容纳并加以传播；（2）加工改造，这是指对民族传统文化进行必要的加工改造工作，使其符合本族、本地、本阶级文化发展的需要；（3）排斥，这是指教育通过必要的民族文化分析，淘汰一切无用的内容，或批判反动有害的文化因素，澄清民族文化发展方向。总之，在传承民族文化的过程中，教育以"吸收""加工改造"和"排斥"等方式，促进民族文化的选择与发展。

### 5.2.1.2　中职教育对民族文化传承的制约作用

中职教育对民族文化的传承不仅有促进作用，也有制约作用。其制约作用主要表现为以下两个方面。

**A　教育内容的选择制约着民族文化传承质量**

教育是文化传承的一个重要载体，对文化传承起着非常重要的作用。教育不是简单的传承文化，而是有选择地进行传承。一般来说，在教育过程中，教育传承民族文化总量的多少，在一定程度上制约着民族文化传承的量；教育是否选择了民族文化的精华与积极的部分进行传承，在一定程度上制约着民族文化传承的质。因此，从某种意义上说，教育内容制约着民族文化传承的质量。

学校教育应重视民族文化的传承。这是因为，在少数民族地区，学校教育传承本地区民族文化具有重要的意义：（1）从经济全球化的视角来看，区域文化要走向开放、走向世界，不仅要以开放的心态面对其他文化的进入，而且要主动地向外界展示自己真实的面貌，要在人类的评判和取舍中获得文化认同，在不断融合的世界文化中呈现文化的多样性。为此，少数民族地区应该在宽容和学习其他文化的基础上，注重对该地区文化的守护和传承；少数民族地区的学校教育在传承本国主体民族文化和其他文化的基础上，注重该地区少数民族文化的传承。（2）从文化多元化的视角来看，文化是一个地区重要的精神支柱，一个民族只有维护自身文化的独特性，才能在国内和国际上产生一定的影响，才能促进该地区经济和政治的发展。少数民族地区的学校教育在传承和发扬该地区少数民族文化的独特性，扩大其影响方面既具有一定的优势，又负有不可推卸的责任。然而，事实上，由于缺乏正确的价值观、缺少相关的制度保障、片面追求升学率等方面的原因，在一些少数民族地区，民族文化传承并未真正成为学校教育的重要内容，阻碍了民族文化传承。

与学校教育不同，在教育内容上，社区教育和家庭教育传承民族文化的比重较大。社区和家庭可以通过寺庙、市场、村寨、文化站、民间艺人文化室和社区学习中心等场所，通过诞生礼、成年礼、婚礼、丧葬仪礼、宗教仪式等使年轻一代接受民族文化教育。然而，20 世纪 80 年代以来，由于都市化程度的提高和大众传媒的影响，社区的民族文化传承教育逐渐弱化；由于教育观念、社会组织结构变化和现代文化的影响等原因，一些少数民族家庭的民族文化传承教育逐渐弱化。社区和家庭的民族文化传承教育的弱化，意味着社区教育和家庭教育的民族文化传承内容的减少，在一定程度上制约了民族文化传承的质量。

B  教育方法的运用制约着民族文化传承水平

方法是主体为了达到一定的目的而建立的规则、手段、程序和途径的总和。教育传承民族文化总是要通过一定的方法来展开的，教育方法运用得是否恰当，是否为年轻一代所喜爱、所接受，在一定程度上影响着民族文化传承的质量，制约着民族文化传承的水平。

受"知识中心主义"的影响，学校教育传承民族文化的方法具有"灌输"和"成人化"的倾向。例如，在语文等学科的教学中，教师很少联系当地实际进行民族文化教育；在学校规定的民族文化传承活动课中，教师根据校本教材照本宣科地讲授有关民族文化知识，对日常生活中涉及的民族文化内容无暇顾及；教师很少把具有民族文化特长的社区居民或家长请到学校进行生动活泼的民族文化传承教育，以喜闻乐见的方式开展民族文化传承活动。上述种种学校教育传承民族文化的方法，枯燥乏味，和学生的实际生活相脱离，易使学生对民族文化传承教育产生厌学情绪，制约着学校教育中的民族文化传承的质量。

与学校教育相比，社区教育和家庭教育传承民族文化的方法更为生动、灵活。社区和家庭可以通过诞生礼、成年礼、婚礼、丧葬仪礼、宗教仪式等民族文化传承活动，通过一对一、一对多、多对多的传承方式使年轻一代接受民族文化教育。然而，与电视、广播、互联网等大众媒介相比，社区教育和家庭教育传承民族文化的方式还不够有趣和生动，容易造成年轻一代对民族文化传承活动的厌倦，制约着民族文化传承的水平。

## 5.2.2  民族文化传承发展对中职教育的影响

### 5.2.2.1  民族文化传承对中职教育的促进作用

从广义上说，凡是增加人们的知识和技能、影响人们的思想观念的活动，都具有教育作用。如前所述，民族文化传承主要是指文化在民族共同体内的社会成员中作接力棒似的纵向交接的过程。在这一纵向传递的过程中，民族文化传承能够增加人们的民族文化知识和技能、影响人们的思想观念，因此具有一定的教育作用。具体而言，民族文化传承的教育作用主要体现在以下几个方面。

A  增加知识和技能

各个民族的神话、史诗、传说、童话、民谣、歌谱、服饰和家谱等，蕴涵着大量的历史、人文和生活知识。家庭、社区、学校所进行的民族文化传承，可以增加年轻一代关于少数民族的历史、人文和生活方面的知识。例如，我国少数民族的神话、传说、史诗、故事、歌谣、叙事诗中保存了有关天地万物起源和人类产生的哲学观念，记录了少数民族的现实生活和精神文化，通过民族文化传承可影响一代代的年轻人，使他们不仅获得朴素的哲学知识，而且得到美的享受并学习相关的人文知识；通过传承少数民族的民歌、绘画、雕塑、服饰、建筑等艺术形式，也可使人们获得一定的人文知识和生活知识。

民族文化传承不仅可以增加人们的民族文化知识，而且可以使人们掌握一定的民族文化技能。例如，以采集渔猎为生的少数民族通过文化传承可以掌握狩猎、捕鱼、骑马、射箭、驯犬、犁地、采集、饲养和缝制鱼皮制品等技能；以游牧为生的少数民族通过文化传承可以掌握骑马、套马、挤奶、乳制品制作和缝纫等技能；以农业为生的少数民族通过文化传承可掌握狩猎、摔跤、习用刀枪、骑马、刺绣、编织、缝纫和炊事等技能。

民族文化传承还能够培养人们的创新能力。一个民族如果没有创新能力，就不可能更好地传承自己的优秀传统文化。创新的目的是使优秀传统文化恢复活力，使之与当代社会相适应、与现代文明相协调。民族文化传承要求民族成员对民族文化进行重组、整理、融合，使民族文化发生性质、功能等方面的变化，衍生出新的文化要素，迸发出文化更新的火花。在这一过程中，民族文化传承培养了民族成员的创新能力。

B　影响智力和非智力因素

民族文化传承影响人们的智力因素，如观察力、想象力、记忆力、思维力和注意力等。人的心理发展不是凭空产生的，是在一定的活动中孕育、发展、成熟的。而人们在习得、运用民族文化的过程中，因选择和接受的文化不同，人的智力发展产生不同的趋向。每一种文化都有其指向性，文化和文化传承的不同造就不同民族的智力特点。例如，通过长期的狩猎生活，鄂伦春族人听兽叫，观兽印，查兽粪，熟悉动物的生活规律与出行路线，逐渐形成一种做事专一不易分心、注意力集中的特点。又如，古往今来的壮歌传承一直呈现为纯粹的口头模式，凭借记忆以口耳相传。壮族的歌手们有令人惊异的音乐素质：无论何时何地唱山歌，一张嘴就是某个固定的调，固定的音高和明确的调性概念丝毫不亚于专业人员。这种音乐素质的培养和训练与壮族的口头传唱方式是分不开的，这充分表明了壮族文化传承对壮族人记忆力培养的重要作用。

民族文化传承也影响人们的非智力因素，如动机、兴趣、意志、情感、性格、信念、世界观等。在漫长的文化传承过程中，各民族形成了不同的非智力因素，并在社会变革过程中不断发展非智力因素。

例如，解放前居住在我国大兴安岭的鄂伦春族，世代以狩猎为生，一直居住在"撮罗子"中。长期的狩猎活动使鄂伦春族早已具有野外生活的适应能力，喜欢在山林中自由自在的狩猎生活方式。因此，虽然鄂伦春族已有近50年的定居历史，他们中的一些老年人至今仍向往深山狩猎的生活。这说明鄂伦春族由于长期独特的生存方式和自然环境而形成的一些习俗，反映着这个民族长期的主导动机。新中国成立后，随着社会的发展，这种生产生活方式导致的动机观念逐渐发生变化，鄂伦春族居住在野外的内部动机也逐渐消失。

又如，在不同的生存环境和文化背景下，每个民族都产生了各民族特有的兴趣，如彝族喜欢用背诵本家支的形式来传播民族文化，维吾尔族喜欢"达瓦孜"运动，哈萨克族女性喜欢刺绣，蒙古族喜欢摔跤、赛马和射箭等竞技比赛等。

再如，在共同的文化背景和特定的社会历史条件下，很多少数民族形成了对现实较为稳定的、共同的态度和一定的行为方式。在民族文化传承的过程中，这种行为方式逐渐形成了各少数民族的民族性格。如回族开拓进取、团结互助、和衷共济，傣族温文尔雅、重和睦、轻纷争、忍耐、吃苦、勤俭、与世无争，藏族看重和睦、忍耐、吃苦、反省。

C 培养民族意识和民族精神

"民族意识"，就是"意识到了"民族的存在，是民族物质生活条件，尤其是民族特点的综合反映。这里所探讨的是中华民族的民族意识和中华民族精神，它包含着我们中华民族每个成员对民族共同体的历史以及现实行为和特性的理解，以及由此而产生的民族自尊心，是民族共同心理素质的重要表现之一。民族精神是一个民族所普遍表现出来的精神活力和个性特征，普遍尊奉的有利于社会进步和民族利益的社会信念、价值追求和道德风尚。民族意识和民族精神有联系也有区别：民族意识赋予了民族精神"民族"的属性，是民族精神中的主要凝聚力量之一；民族精神则限定了民族意识的性质——民族意识是完全基于本民族立场的意识倾向，而民族精神则是民族文化的精华，是民族生活中正面和优秀的部分。民族文化传承是培养人们的民族意识和民族精神的重要条件和手段。

（1）共同的民族文化不仅是民族共同体可以识别的符号，而且也是民族共同体存在和发展的精神维系。只有通过民族文化的传承，民族才能实现这种维系民族共同体的精神文化的生产和再生产，民族共同体的再生产才不会中断，才能培养民族成员的民族意识和民族精神。

（2）民族意识确定一个民族与其他民族的不同及利益上的分野，赋予了一个民族之所以成为该民族的一种天然的向心力。它是在长期的历史过程中积淀形成的，一旦形成便具有一定的稳定性。只有通过民族文化的心理传承，才能使心理意识、价值判断、感情趋向、审美情趣等文化的核心因素有机地融入每一个成员的深层意识中，使民族文化的精神化作一种稳定而持久的、自觉的民族认同感和内聚力。

（3）民族精神中的进步性框定因素，即有利于社会进步和民族利益的社会信念、价值追求和道德风尚始终将其民族意识中可能具有的追逐非分利益的冲动束缚在合理和正义的范围之内，使它有一个积极的、有利于进步的界桩而不能逾越。

只有通过民族文化的传承，才能培养民族成员的精神活力和个性特征，使民族意识中进步和向上的价值取向、道德和社会信念代代相传，才能使人类文化的多样性与社会的文明与进步并存和发展。

### 5.2.2.2　民族文化传承对中职教育的制约作用

民族文化传承对中职教育的影响不仅有促进作用，也有制约作用。其制约作用主要表现为以下两个方面。

A　民族文化传承质量制约着教育内容的质量

(1) 民族文化传承的量制约着教育内容的量。民族文化传承的总量多，说明民族文化客观地保留下来的、筛选出来的总量多，这就为文化的选择与整合提供了厚实的基础，也为教育对文化的选择与传播提供了较大的自由度。反之，民族文化传承的总量少，说明民族文化客观地保留下来的、筛选出来的总量少，文化的选择与整合的基础较为薄弱，教育对文化的选择与传播的自由度也较小。

(2) 民族文化传承的质制约着教育的质。民族文化传承的内容有积极与消极、进步与保守之分，民族文化传承的质，在一定程度上反映了某一民族整体文化素质的优劣，制约了教育提高该民族文化素质的整体水平。

(3) 民族文化传承是质与量相统一的产物，制约着教育内容的质量。民族文化传承的过程是民族文化量的积累、质的进步的过程。民族文化传承的质量在某种程度上反映了汉族文化的质量，标志着某民族文化基础的深度和广度，直接制约着该民族的教育内容、教育方法、教师和学生的质量。

B　民族文化传承途径制约着民族文化教育的途径

民族文化传承的途径主要有家庭、学校和社区三个方面。这里所说的社区是狭义的社区，是指与家庭和社区相并列的、除家庭和学校之外的区域性的社会，包括寺庙、市场、村寨、文化站、民间艺人文化室和社区学习中心等。在我国的少数民族地区的学校中，国家课程在总课程中所占的比例为88%～90%，而主要反映民族性的、地方性的文化知识的地方课程和校本课程在总课程的比例仅为10%～12%。这说明，学校并不是民族文化传承的主要途径，学校教育并不能完全承担起民族文化教育的重任。因此，要传承少数民族文化，仅靠学校这一传承途径是远远不够的，要充分发挥社区和家庭的作用，加强学校教育和社区教育、家庭教育的合作。

(1) 在传承民族文化方面，家庭环境的熏陶和家庭成员有形和无形的教育发挥了关键的作用。许多文化事项的传承就是靠家庭成员的自我传习来实现的，如通过家庭传授民族舞蹈、刺绣等。学校应该通过请家长进校传授有关少数民族文化知识和技能、让学生跟家庭成员学有关知识和技能等方式，充分发挥家庭在促进民族文化传承方面的作用。

（2）社区教育也是开展民族文化教育的重要途径之一。社区成员均来自当地，掌握一定的民族文化知识和技能，能够弥补教师和家庭成员在传承少数民族文化中存在的不足。学校应加强与社区的沟通，鼓励学生参与社区组织的民族文化活动，在活动中掌握少数民族文化知识和技能，并获得自我认同和民族认同；邀请具有特长的社区成员走进校园，传授有关的民族文化知识和技能。学校与家庭、社区在民族文化传承方面的合作，不仅可以营造传承少数民族文化的环境氛围，形成良好的民族文化教育的生态系统，有利于少数民族文化传承；而且可以使学校教育和学生的实际生活相结合，促进教育向生活世界的回归，在充分发挥教育功能的同时，也强化了家庭和社区的教育功能，提升家庭教育和社区教育的水平。

### 5.2.3 中职教育和民族文化传承发展的相互作用

以上分别探讨了民族文化传承对中职教育的影响和中职教育对民族文化传承的影响。其实，在少数民族地区中，中职教育和民族文化传承是密不可分、相互关联的。它们都是一种社会活动，共处于社会、文化的大系统中，既相互制约，又相互促进；既相互矛盾，又协同发展，促进了社会的繁荣和文化的发展。进一步考察二者的关系，可以发现，中职教育和民族文化传承具有如下的交互作用。

#### 5.2.3.1 教育在一定程度上是民族文化传承的产物，又是民族文化传承的一个动因

教育在一定程度上是民族文化传承的产物。教育是包括民族文化在内的文化的一个重要组成部分，是文化的表现形式之一。包括民族文化传承在内的文化传承制约着教育的发展和流变，制约着教育的目标、内容和方法。由此可见，教育在一定程度上是民族文化传承的产物，教育的目标、内容和方法在一定程度上受到民族文化传承的影响和制约。

教育又是民族文化传承的一个动因。教育是培养人的一种社会活动，教育培养了适应、创造民族文化的人，参与了民族文化传承的过程，促进了民族文化的心理传承、保存、积淀和选择，是民族文化传承的重要手段。因此，教育是民族文化传承的动因之一。

#### 5.2.3.2 民族文化传承是教育的目标之一，又服务于教育的目标

民族文化传承是教育的一个目标。教育是承传社会文化、传递生产经验和社

会生活经验的基本途径。传承包括民族文化在内的社会文化本身就是教育的目标之一。从这一意义上说，民族文化传承是教育的目标。

民族文化传承又服务于教育的目标。教育的最终目标是培养人，民族文化传承能够增加人们的知识和技能，影响智力和非智力因素，培养民族意识和民族精神，是教育的重要手段之一。因此，民族文化传承可以通过培养人服务于教育的目标。

## 5.2.4　中职教育与民族文化传承应正确处理的几个关系

基于前文关于人、文化、教育及其关系的理论思考，以及国内外多元文化教育理论的借鉴，笔者认为中职学校教育一方面要定位于人的全面发展，另一方面要着眼于整个民族地区的可持续发展，尤其要处理好以下几对关系。

（1）国家与地方的平衡。少数民族有自己独特的天地人文系统，对于生于斯长于斯的民族生命个体而言，其知识的形成基础、构成内容及作用于生产、生活的方式均会带有这一特殊生境的烙印。换言之，形成于少数民族这一独特生境里的"地方知识"，便成为每一个个体认同和接受教育的基础。正如有学者所言："地方知识"往往是某一特定族群对生活世界的理解与解释，经由族群绵延繁衍，它本身就充分具备合法性足以获得认同与肯定。的确，少数民族的每个个体，对地方知识有着丰富的体验和实践经验，少数民族正是靠着世代传承的各种地方知识实现了生命的延续。与此同时，作为中华民族成员之一，除了本民族认同外，还必须接受国家层面的教育，以实现其对中华民族——国家的认同。这就涉及如何处理国家知识（普适性的科学文化知识）与地方知识间的关系问题。曾几何时，我国民族教育完全附和国家层面的教育，无论是教育目标、课程设置还是评价标准、教育发展模式，都按统一的标准开展。这在提高整体的国民文化素质，促进各民族的国家认同方面都曾做出过一定的贡献。然而，这样的教育却忽视了地方知识的重要性，造成学校教育内容脱离少数民族生活实际，学生对学校教育失去兴趣，进而造成一系列民族教育、教学的问题。鉴于此，民族学校教育应努力寻求国家知识与地方知识的平衡点，全面兼顾，培养完美、全面的人。我们看到，在这方面，民族地区的中职学校已开始迈出改革的一步，有令人可喜的发展趋势。

（2）传统与现代的融合。正如前文所分析的，少数民族传统教育存在于民族体内，扎根于民族社会的生产生活之中，是一种"同步内生型"教育，它远在现代学校教育进入民族地区之前就已存在。这种传统教育无论是在教育过程、教育内容，还是教育主体的自由性、教育场域的开放性等方面，都对我国民族教育开展有深刻的启迪意义。典型的"内生"则是"传统的"，而"传统的"即是民族在与其独特的自然和人文环境的长期互动中，逐渐适应这一系统的智慧结晶。因此，发展现代教育并非意味着要与传统教育决裂，而是要建立在传统的基础上，从传统那里获得发展的动力。在世界多元化发展的当下，教育需要做的乃是引导不同民族在融入现代化的同时而不失本民族的特色。在处理传统与现代的关系问题上，教育需要用人类学的第三者眼光来理解"他者"文化，正如张诗亚先生指出的："少数民族现实的教育与发展正需要这种眼光，以便于从少数民族自身的角度理解教育、理解其教育的需求。避免用主流文化的眼光去看待少数民族的教育，从而避免少数民族落后、其文化应该淘汰、应为主流文化所替代的错误认识"。

从这个意义上来讲，民族地区中职学校将民族文化引进校园传承的举措，也是非常值得肯定的。今后，学校教育需要继续协调好传统与现代的关系，做到传统与现代的有机融合。总之，在发展民族现代教育的过程中，切忌简单的定性思维，认为过去的都是错误的、落后的，而今天的都是成功的、先进的。民族的现代化绝不是要抛弃传统文化。

（3）共性与个性的统一。教育的本质在于育人，在于对人性的发展。而人的发展绝对不是能依靠科学找到一个通用的公式的，人是有个性的，我们必须提供个性化的教育，培养个人个性化的能力。正是拥有文化个性、民族个性，我们才得以将一个民族与他民族加以区分的。当然，个性的发展的前提是要发展人之所以为人的共性，无论是哪个民族、哪种文化背景的人，教育的功能均在于使个体得到全面的发展，这便是教育发展人的共性之功能。然而，发展共性并非意味着对所有人施以相同的教育，而发展个性也并不意味着对每一个体施以完全不同的教育。唯有发展将共性与个性相统一的教育，才能使人性的发展达至"和而不同"的境。笔者认为，滕星教授受费孝通先生著名的"中华民族多元一体"论启发而提出的"多元文化整合教育"理论，正是意味着共性和个性相统一的教育。

对民族教育而言，有共性的东西，如教育的宏观目标、大政方针等方面要坚持同国家教育甚至世界教育接轨，以培养高素质的中国公民乃至世界公民；在这一前提下，也应从壮族现有的生存状态出发，确立少数民族独特的教育目标、教育内容、教育方式、卓有成效的教育运作机制及有效的教育途径，开发出本民族的教育教材，建立多民族相互理解、相互共存的"和而不同"的民族教育体系。

综上所述，民族地区中职学校在处理上述几对关系方面，做出了一些努力，也取得了一些初步的成效，然而我们所言的应然状态还是有很大差距的。与其他少数民族一样，多元文化观指导下的壮族文化认同，既不妄自菲薄又不盲目排外，这样才能最终形成如费孝通先生所提的中华民族的"各美其美，美人之美，美美与共，天下大同"的民族文化认同模式。

### 5.2.5　学校民族文化传承机制的未来展望

马克斯·韦伯曾提出，"人是悬在由他自己所编织的意义之网中的动物"，而格尔茨则认为"文化就是这样一些由人自己编织的意义之网"。因此，民族地区学校将民族文化引进校园是对民族"人"及其"文化"的尊重，是非常值得肯定的举措。从上一节的分析来看，如何处理学校教育与民族文化传承的问题是一个普遍性的课题，世界各地不同的国家和地区都采取了一些可资借鉴的措施保护不同族群的民族文化。

民族地区中职学校在民族文化传承方面取得了一定的成效，但也存在一些问题，那么，如何更好地传承民族文化呢？笔者认为，首要是要明确学校中民族文化传承的目的：

（1）增进对民族文化的认知，这是首要目的，让学生认识自己生长的地方，理解本民族文化的特色与渊源，并在这一过程中发展运用民族文化的能力。而透过这一认知目的，民族文化教育更期望培养学生民族文化探索和研究的兴趣及其对民族文化批判思考和问题解决的能力，不仅让学生认知，更能促进民族文化的发展。

（2）培养学生热爱自己民族的情操。了解本民族文化，增进对本民族文化的认识，强化对本民族的认同，从而达到培养民族情操的目的。具有欣赏本民族文化的态度，认知本民族文化也并不一定具有实践本民族文化的动机。因此，在民族文化的认知教学中，需透过价值的澄清与分析，使学生从认知到认同、从接触到接纳、从实例到实践、从关联到关爱，终使其产生对本民族文化的情感、关怀和责任，激发其热爱自己民族及民族文化的情操。

（3）促进民族文化的传承。如前所述，壮族文化是壮族先民的文化实体，代表着他们的智慧结晶，虽历经长久的传承、不断变迁与翻新，但它是一种社会事实，在社区居民中具有一致性、稳定性，是社区居民共有的生活内涵。在少数民族传统社会中，民族文化主要通过家庭和社区而获得保存，而现代社会中，"发达"的现代教育制度与社区脱节，科层化教学、百科全书式课程，以及功利取向的教育目的，都与社区文化无关联，终使传统民族文化逐渐式微，因此，在学校中实施民族文化教育的主要目的之一，即是让学生在民族文化学习过程中，使民族文化获得保存，并在生活中践行民族文化。

（4）改善教学并提升教育品质。民族文化教育还可以改善一般课程的教学。学校可以打破不同科目间的隔阂，将相近的学科组成综合课程或广域课程，以民族文化事项作为核心单元而推进教学，结合理论与实践，使学科知识融入社区生活之中。此外，教师在教学过程中也可以采撷民族文化作为教材，这既符合直观教学原理，也能使教学适应区域差异，让教材多样化、丰富化、特殊化。这样，对学习者而言，可以提高学习兴趣，培养其运用民族文化而学习的能力；而对于教师而言，可以活化教学，增进其专业成长，并促进教育改革，从而提升教育品质。

（5）强化并巩固少数民族的民族认同感。中职学校民族文化的传承，要在文化上平衡学校课程中文化结构的偏失，以发展学生的自我认同。近年来，随着国家三级课程等一系列政策的实施，使得民族民族文化名正言顺地搬进了学校，这不仅是在挽救行将消亡的传统文化，更体现了一种多元文化理念。

（6）陶冶整体和谐的多元文化理念。学校民族文化传承的目的，不仅仅是产生一种安身立命式的自我认同，更应具备一个目标，即从对多元文化的体认而建立一个整体的世界观。异质文化之间应该彼此沟通与了解，让学生从差异中体会对方的价值，继而相互接纳、尊重，并发展一种和谐的世界观。

总之，肯定本民族文化的价值是一个认知起点，"民族"的范围应渐次向外扩展，使学生体会全球各地区不同文化的渊源与特色，以开阔其胸襟，发展和谐的人类整体关系。

结合以上分析，可以从以下几方面的具体策略出发，完善学校民族文化传承机制。

### 5.2.5.1　完善民族文化课程开发的机制

（1）确定地方课程、校本课程开发的人本目标，完善课程体系。通过前面的分析可以看出，百色中职学校的现有地方课程、校本课程在保护地方性知识、传承民族文化，以及完善课程体系等方面都有其一定的价值。然而，地方课程、校本课程的"首要目标是关注人的成长，其次才是文化的传承与服务经济发展"。地方课程的目标不仅仅在于地方文化的保护和传承，更在于使学生健康成长。换言之，地方课程只有真正把关注学生作为整体人的全面发展放在首位，才会改变其二元对立的研究局面，也才能从根本上实现其保护地方知识、传承民族文化、服务地方经济及完善课程体系的目标。因此，教材内容的编辑，应从学生的立场出发，无论教材结构还是文字撰写均应符合青少年的认知发展阶段特征。为了增加教材的趣味性，可考虑采取漫画的形态，以提高学生的学习意愿。

（2）形成课程开发团队，使一线教师成为开发主体。良好的课程开发团队应是政策决策者、专家、教师甚至学生组成的合力集合体。为此，要把握新课程改革提供的有利条件，充分利用本地区的各种课程资源，进一步探索地方与学校层面的课程开发，注重教师在课程开发中的作用，使之成为民族文化课程开发的主体。换言之，作为"局外人"的专家在进行地方课程开发的过程中，需借助"文化持有者的内部眼界"，尽可能地使课程开发者与课程消费者达成一致，直接、本真地反映本土知识，避免"局外人"所带来的强势文化对地方课程的

"殖民"。通过地方课程和校本课程的补充学习，教会学生通过观察、体验及探究了解和参与生活，会用历史的、辩证的眼光对待自己民族的历史文化传统，接受优秀传统，评判现实问题，并通过合作学习，了解本民族文化的演变过程，体验在民族生活中个人和社会的关系，从而不断提高参与社会实践及自主学习的能力。

（3）正确处理好地方课程、校本课程与国家课程的关系。国家课程中也会涉及一些不同民族文化的内容，因此，在保持地方课程、校本课程之间的必要张力的原则之下，通过多种途径将地方课程、校本课程和国家课程有机结合起来，不能将地方课程简单地视为国家课程的补充或延伸、深化，同时要关注活动课程、潜在课程及非正式课程的作用。一方面，要避免地方课程、校本课程与国家课程的内容叠加甚至重复，另一方面，仅仅依赖地方课程与教材这一载体来展现一个民族源远流长的历史文化、民族记忆显然是不够的。即便是同一个民族生活在不同地区，其文化习俗也是不完全相同的。譬如，百色南部山区的德保、靖西的南部壮族和凌云、乐业北部山区壮族，他们在语言、服饰、风俗、饮食等方面都是存在一些差异的，而校本课程正是这种差异的有力体现者。总之，国家课程、地方课程、校本课程三者应为融为一体，不存在真正意义上的三类独立形态的课程。它们之间不是对立的关系，而是你中有我、我中有你的有机整体，其实质是课程的统一与多样、标准与特色的关系问题。

### 5.2.5.2　提升教师的多元文化素质

教师的素养是事关民族学校教育成败的重要一环。乔治·史宾得勒曾指出，美国教育中存在这样一种现象："在美国，大多数的教师出生于中等阶级，于是就用中等阶级的是非好坏标准作为教育上的奖惩依据，合乎他们要求的就受到鼓励嘉奖，否则就遭到处罚。"少数民族学生跨文化交际能力的养成离不开具有多元文化素质的教师，这里的多元文化在民族地区具体指什么呢？有学者按照文化被分享的范围的不同，将文化分为民族独享文化、国家共享文化和人类共享文化。对于这三种文化，班克斯则是用文化认同、民族认同和全球性认同的角度来阐释其关系。长期以来，我们只重视对人类共享文化、国家共享文化等普适性程度较高的文化的传承，因此教师也往往是这两种文化的传承者。这一方面能提升受教育者对主流文化的适应力，但同时也会导致他们逐渐疏远自己的民族文化。

班克斯对多元民族社会的公民有这样的理想期待："他们应该能够维持对自身文化共同体的忠诚，同样也应该积极参与到共享的国家文化之中。"因为"没有多样性的统一性导致的是文化独裁主义和霸权主义，缺乏统一性的多样性则会导致文化的割据和民族国家的分裂。多样性和统一性共存于完美的平衡之中。"因此，多元文化教师应具有多重身份，其是民族文化的继承者、传播者，也是反思者、创造者。

多元文化教师应随时因社区环境的变迁和学生的需求，调整教材内容和方法，以促进课程发展。在教学上，多元文化教师应调整传统授课方式，设计情境、提出问题，让学生有主动学习的机会，进入社区进行观察、访谈、调研，甚至运用社会行动的模式或者表演教学法，让学生参与社区文化的改造，或让其有成果展示和展演的机会，从而使民族文化传承更具主观意义。此外，建立民族文化专业师资人才档案与民族文化传承教学咨询中心，加强师资培训机构对教师多元文化素质的训练等，也都是亟待改进的重点。尤其需要指出的是，民族文化传承并非仅仅是少数教师的专责，而是全体教师共同的任务。因此，教师多元文化素质的提升要从师范院校的培养做起。

### 5.2.5.3 利用学科课堂教学拓展少数民族文化的渗透空间

如前所述，将少数民族文化融进课堂，通过学科渗透教学传承民族文化不失为一种很好的学校教育传承民族文化的方式。在这方面，学校还有很长的路要走。而凌云县职业教育中心的做法可资借鉴：专业课教师自己编写教材，把瑶族长号这种民族技艺融入学前教育专业的专业课教学中，这样的课程素材取自学生生活，使本来略显枯燥的专业课变得生动而贴近实际，会让当地学生觉得熟悉，从而有了学习的兴趣，是一种非常值得推崇的民族文化进校园的方式。

### 5.2.5.4 秉持公正、合理、科学的民族文化传承原则

将民族文化纳入校园传承，无论是课程开发还是课堂教学都应考虑学生的学习特点，从内容到方法再到评价体系，应建立一套公正、合理和科学的标准。（1）从教材内容来看，应均衡选择本民族历史性和现代性相结合的民族文化，以避免将民族文化教学变得形同"复古"教育。在教材编制上，应打破以各市、县为本位的格局，采取跨区、跨校或结合地理位置相近区域的方式来编写教材，从而使学习者有开阔、完整的视野，并避免陷入地方主义的泥沼。（2）从保障体系来看，要多渠道筹集资金，以满足民族文化传承教学的各项支出。这方面如能充分利用当地旅游业发展的优势，与企业、旅游公司联合以争取其投资是不错的选择。（3）在评价制度上尝试进行有利于民族文化传承的改革。例如，在评优和绩效工资等方面给予民族文化兼职教师以适当的加分照顾，将民族文化纳入各级考试范围等都是可资利用的举措。

### 5.2.5.5 建构研发教一体化的学校教育传承体系

学校民族文化传承与主流文化的传承在本质上是相通的，即都在于对学生个体的"育"上。因此，可借鉴民族传统文化对于民族学生的濡化教育功能，构

建集 R-D-E 式的传承体系，即研究（research）、开发（de-velopment）、教学（education）一体化的学校民族文教育传承体系，从而使这种传承成为"种子式""基因式"传承。首先，从研发层面看，光靠一线教师及民族文化土专家显然是不够的，可考虑依托高校、科研机构进行从教材到教学方式等的相关研究与开发。其次，从师资层面看，要"培养"与"培训"并举，即要从师范教育的源头抓起，可在师范类、民族类院校开设民族文化的特长班。此外，从良好的学校环境营造方面来看，学校教育改革应强调学校与社区结合，构建"学校社区化，社区学校化"的民族文化传承体系，打破学校与社区的有形隔离，将教室、校园的范围向社区延伸，将课程教学从狭窄的教科书中解放出来，以社区为教室，以民族文化为教学素材，进一步完善学校民族文化传承体系。

# 附　　录

## 附录1　课题研究成果选编

### 靖西民族工艺——绣球、壮锦人才培养方案

*子课题《中越边境地区中职学校刺绣文化传承发展研究》*

绣球、壮锦在整个壮族地区乃至全国都占有重要的地位，它是壮民族民间文化的缩影，是广西壮族地区古老而优秀的文化遗产之一。靖西市地处祖国西南边陲，南与越南高平省接壤，是祖国西南地区的国际窗口之一，素有"小桂林"和"绣球之乡"美称。随着绣球业的发展，"绣球之乡"的美誉更是家喻户晓了。靖西壮族织锦技艺 2006 年被列入第一批国家级非物质文化遗产名录。在历届靖西市委、市人民政府的大力扶持下，曾作了许多发掘、抢救、保护工作，如举办刺绣培训班，成立县壮锦厂、成立刺绣协会等，收到了良好的效果，然而，由于历史和现实等多方面的原因，壮锦面临着严峻的传承危机，急需抢救和保护。随着自然经济结构的溃散，商品经济和都市文明不断冲击古老的民间文化，织锦这门传统工艺的传承和发展也陷入了前所未有的困境。我们要把绣球、壮锦发展成旅游新产品，吸引农民返乡培训，通过农民致富来带动民族技艺的传承，使刺绣产业成为乡村发展的新动力，将促进区域经济发展。特制定此方案：

### 一、专业名称、招生对象与学制

（一）专业及专门化方向名称

绣球、壮锦制作工艺。

（二）招生对象

学历班：初中毕业生。

短训班：适龄农村妇女。

（三）学制

学历班：基本学制 3 年。

短训班：2 个月。

## 二、培养目标与规格

### （一）培养目标

本专业毕业生主要面向旅游产品生产企业，从事绣球、壮锦工艺品设计和制作工作，具有较强实际操作能力的高素质劳动者和技能型专门人才。

### （二）人才规格

本专业所培养的人才应具有以下知识、技能与态度：

（1）具有良好的职业道德和社会公德，有较强的社会主义民主和法制观念。

（2）具有中等绣球工艺制作人才所必备的文化基础知识。

（3）具有一定的美学知识和健康的审美意识，对自然、社会生活的艺术的美具有欣赏和鉴别的能力，具有美的心灵。

（4）掌握美术的基本知识，具有工艺美术造型设计的能力和表现能力以及实施能力。

（5）掌握计算的基础知识，具有熟练使用计算机产品设计软件的能力和使用计算机进行辅助设计能力。

（6）掌握绣球制作工艺专业所必备的设计、开发、生产管理等能力。

（7）掌握企业管理的基本知识。

（8）具有良好的人际交流能力、团队合作精神和客服意识。

## 三、计划课程及教学内容

### （一）课程安排（见附表1）

附表1　课程安排

| 序号 | 课程名称 | 主要教学内容 | 学时数 |
|---|---|---|---|
| 1 | 素描 | 使学生理解素描基本概念、功能和特点。掌握素描的基本知识和技法。 | 108 |
| 2 | 色彩 | 教学要求：使学生获得色彩基础知识。掌握水粉画性能、方法、特点及工具材料的运用。掌握正确的观察方法和表现方法。 | 108 |
| 3 | 基础图案 | 1. 教学内容：图案的基础知识；形式美法则；图案的色；写生变化的基本规律；单独纹样的构成设计；适合纹样的组织及空间设计；二方连续纹样的特点及组织形式；中国传统图案。<br>2. 教学要求：使学生了解和掌握图案的各种组织形式的特点、规律，图案设计的方法步骤；了解不同民族图案的特点及发展趋势。 | 126 |

## （二）专业限选课程（见附表2）

### 附表2 专门化方向名称：工业造型设计方向

| 序号 | 课程名称 | 主要教学内容 | 学时数 |
|---|---|---|---|
| 1 | 手工刺绣概论 | 手工刺绣的发展史、刺绣工艺特点、分类和刺绣常用工具和材料 | 126 |
| 2 | 手工刺绣工艺 | 手工刺绣针法、刺绣要领及刺绣技巧 | 180 |
| 3 | 绣球制作工艺 | 1. 绣球的构造、制作工具、绣球制作材料。<br>2. 绣球绘图、色彩的运用。<br>3. 绣球的针法和工艺要领。 | 180 |
| 4 | 绣球制作技能与实训 | 1. 掌握大、小球的工艺差异和制作技术。<br>2. 以花卉、木鸟兽虫、山水为绣球图案制作技术。 | 228 |

## （三）课程设置及时间安排（见附表3）

### 附表3 课程设置及时间安排

| 课程分类 | | 课程名称 | 课程性质 | 学时 | | | 分时 | 各学期周数、学时分配 | | | | | |
|---|---|---|---|---|---|---|---|---|---|---|---|---|---|
| | | | | 总学时 | 理论学时 | 实践学时 | | 1<br>17周 | 2<br>18周 | 3<br>17周 | 4<br>18周 | 5<br>17周 | 6<br>18周 |
| 文化基础课 | | 法律基础知识 | 必修 | 36 | 36 | | | 2 | | | | | |
| | | 经济与政治基础 | 必修 | 36 | 36 | | | | 2 | | | | |
| | | 哲学基础知识 | 必修 | 36 | 36 | | | | | 2 | | | |
| | | 职业道德 | 必修 | 36 | 36 | | | | | | 2 | | |
| | | 安全教育 | 必修 | 36 | 36 | | | 2 | | | | | |
| | | 体育与健康 | 必修 | 144 | 24 | 120 | | 2 | 2 | 2 | 2 | | |
| | | 语文 | 必修 | 216 | 216 | | | 3 | 3 | 3 | 3 | | |
| | | 数学 | 必修 | 216 | 216 | | | 3 | 3 | 3 | 3 | | |
| | | 英语 | 必修 | 144 | 144 | | | 2 | 2 | 2 | 2 | | |
| | | 计算机基础 | 必修 | 144 | 40 | 104 | | 2 | 2 | 2 | 2 | | |
| | | 小计 | | 1044 | 820 | 224 | | 14 | 14 | 14 | 14 | | |
| 专业课 | 专业核心课程 | 素描 | 必修 | 108 | 20 | 88 | | 6 | | | | | |
| | | 色彩 | 必修 | 108 | 20 | 88 | | 6 | | | | | |
| | | 基础图案 | 必修 | 126 | 20 | 88 | | | 7 | | | | |
| | | 手工刺绣概论 | 必修 | 126 | 86 | 40 | | | 7 | | | | |
| | | 手工刺绣制作工艺 | 必修 | 180 | 70 | 110 | | | | 6 | 4 | | |

续附表 3

| 课程分类 | | 课程名称 | 课程性质 | 学　时 | | | 分时 | 各学期周数、学时分配 | | | | | |
|---|---|---|---|---|---|---|---|---|---|---|---|---|---|
| | | | | 总学时 | 理论学时 | 实践学时 | | 1 | 2 | 3 | 4 | 5 | 6 |
| | | | | | | | | 17周 | 18周 | 17周 | 18周 | 17周 | 18周 |
| 专业课 | 专业核心课程 | 绣球制作工艺 | 必修 | 180 | 50 | 130 | | | | 6 | 4 | | |
| | | 绣球制作技能与实训 | 必修 | 228 | 40 | 188 | | | | 4 | 8 | | |
| | | 小计 | | 1056 | 306 | 732 | | 12 | 14 | 16 | 16 | | |
| | | 顶岗生产实习 | 必修 | 1050 | | 1050 | | | | | | 30 | 30 |
| | | 小计 | | 1050 | | 1050 | | | | | | 30 | 30 |

## 四、教学团队要求

专职教师要求：

（1）热爱教育事业，有较高的思想政治素质，具有良好的职业道德和协作意识，能服从学校管理、有一定的专业能力和知识传授能力。

（2）专业教师具备一定的绣球、壮锦实践工作经历。

兼职教师要求：

（1）热爱教育事业，有较高的思想政治素质，具有良好的职业道德和协作意识，能服从学校管理；有一定的绣球、壮锦专业能力和知识传授能力。

（2）具有相关的绣球、壮锦知识和实践能力；熟悉绣球、壮锦等方面的工作流程，具有丰富的实践经验。

## 五、方案实施建议

（1）本人才培养方案原则上是按照三年学生发展规划制订，两年之内对于课程设置不作较大更改。

（2）本人才培养方案是服务于民族工艺专业，学生学习原则上要求专业对口；其他专业可以选修。

（3）学生校内课程学习逐渐实现一体化教学或模拟现场教学。

（4）加强校企合作，实现教学与实践相对接。

# 百色红色文化资源进中职校园的主要模式

## 子课题《百色红色文化在中职学校的传承与实践研究》

红色文化是中国共产党发展历程的瑰宝，是中国先进文化的重要组成部分，是社会主义核心价值观的源流。它体现着崇高的理想、坚定的信念，蕴含着高度的爱国主义、集体主义的价值理念，以及社会主义革命与建设时期优良的社会风气、道德伦理和行为规范。党的十八大以来，党中央提出了"始终贯彻落实立德树人根本任务，着力提高教育质量"的目标，要求把培育和践行社会主义核心价值观，增强学生社会主义责任感、创新精神、实践能力作为重点任务贯彻到国民教育全过程。中职教育作为国民教育的一个重要组成部分，如果将丰富的百色红色文化资源引进中职校园，既可以更好地传承和弘扬红色文化，又可以加强和改进中职生德育工作，是一个双赢的文化育人的过程。

### 一、丰富的百色红色文化资源

红色文化是在革命战争年代，由中国共产党人、先进分子和人民群众共同创造并极具中国特色的先进文化。百色红色文化凝结着中国共产党人在革命战争时期艰苦奋斗、自力更生的精神，体现了民族地区丰富的革命精神和高尚的道德情操，蕴含着厚重的历史文化内涵。它以无私奉献的革命先辈为英雄楷模，包括了革命先辈的衣食住行、沟沟壑壑的红色踪迹和一处处古朴简陋的红色遗址。如今，在百色城内的红色文化资源中，除了有"老三篇"——中国工农红军第七军军部旧址（粤东会馆）、百色起义纪念碑、百色起义纪念馆，还有全国爱国主义教育基地、全国防腐倡廉教育基地、百色起义纪念公园。在百色田东县，有邓小平第一步踏上右江革命老区的红军码头、右江工农民主政府旧址，还有全村86户人家就有85户131人参加赤卫队的真良红军村、运枪小道。在百色乐业县，有红七军、红八军会师旧址，等等。据统计，百色共有革命遗址遗迹310个。同时，百色当地的文物旧址和文献资料也记载了张云逸、韦拔群、陈豪人、李明瑞等革命先辈的光荣事迹，当地传颂的百色人民参军拥军护军及起义斗争的经典小故事，更是革命精神的积淀和革命经验智慧的结晶，使百色老区人民形成了"百折不挠、奉献拼搏、团结务实、争先创新"的百色起义精神。

### 二、百色红色文化进中职校园是培育和践行社会主义核心价值观的需要

在政治、文化、经济等方面快速发展的今天，学生的思想参差不齐、价值导

向呈多元化趋势。现阶段，中职学校德育工作面临着学生思想不成熟、文化基础薄弱、家庭教育缺失等多方面困难，不少中职学生出现道德情操滑坡、生活信念目标不明确、人生观价值观模糊等问题。中职学校一贯重视德育工作，但相对于普通中小学来说，中职学校在对学生进行红色文化教育这一方面显得比较薄弱。中职学校因为专业性强，平时侧重于对学生进行职业教育，德育工作方式往往过于刻板，涉及的红色文化教育多数停留在简单的中国革命历史大范围的"知识灌输"，或是僵化的德育动员教育，或是走马观花式的参观活动。基于中职学生思想现状和中职校园红色文化教育的现状，在生源地发生且全面、完整、丰富、具有特色的百色红色文化资源对于中职校园德育更具有说服力和影响力。它所涵盖的理想信念、宗旨意识、价值观念等更符合中职德育所需的内容要求；它所涉及的英雄人物、事迹旧址等方面的内容，与父辈代代相传下来的碎片记忆，更容易在头脑中组成关联留下印象。由小及大、由近及远，慢慢地将教育资源丰富、育人功能强大的百色红色文化"润物无声"地融入中职学校德育工作中，是培育和践行社会主义核心价值观的需要，也是帮助中职学生自觉抵制"物质埋没精神""网络错位生活"的良药，从而帮助中职学生坚定理想信念，树立科学的价值观，更好地指导自身的学习和生活。

### 三、百色红色文化进中职校园的主要途径

按照国家教育方针，中职学校主要培养德智体美劳等全面发展的高素质技能人才。百色红色文化要根据中职学生的特点和专业特点，通过学校环境、教育内容、教育方法三种形式融入学校的日常管理中。中职学校可充分利用校内、校外现有的百色红色文化资源，通过课内、课外"听、说、读、写、走、唱、赛"七种途径来渗透。

（1）听——赏百色红色文化。百色红色文化作为一种文化语言，也作为一种文化教育，可以从听开始：充分利用校园广播，定时推送百色红色文化历史、歌曲、小故事等，形成校园环境"听"的氛围；课堂上科任教师可将百色红色文化的人物、遗址介绍和专业授课结合；班主任可通过主题班会让学生学会聆听和欣赏红色文化故事、歌曲，多种渠道加强课堂"听"的教育；课外，班主任可组织学生到敬老院开展活动，并寻找红色文化故事、歌曲；或是假期安排任务"听"家里老一辈人的红色文化记忆。当然，还可由学校邀请革命老一辈讲课，让中职生的"听"由耳及心，深受教育。

（2）说——传百色红色文化。百色红色文化进校园，要鼓励学生多说多交流。学校和老师要提供让学生说的平台，红色文化传承课堂上可进行故事复述，你说一个，我说一个，互相分享就会了解很多红色文化；也可进行班级间的交流、不同地方的故事交流；还可以联系百色起义纪念馆，充分利用"小小解说

员"的平台，让中职生也作为解说员，为来参观的游客们进行百色红色文化的讲解。通过"说"不仅可以巩固所"听"到的内容，还能真正成为传颂故事传承精神的接班人。

（3）读——阅百色红色文化。很多的历史文献、展馆图书都有很多红色文化内容，一些红色文化遗址也会附有内容简介。中职学校校园文化建设可创设单独的红色文化版块，进行碎片式的阅读收获；也可依托学校图书馆开辟百色红色文化阅览室，或是通过班级组建"书香班级"，推荐《百色起义》《百色的故事》《放眼看百色起义》《红旗谱》《红日》《红岩》等红色小说；还可通过学校与百色纪念馆管理局沟通，不定时地到校进行百色红色文化展览，在建党节、国庆节等特殊节假日到校进行宣传。通过多读加深学生对红色文化的认识，促进思想价值观的形成和稳定。

（4）写——悟百色红色文化。百色红色文化中有丰富的故事、影像影片等资源。课堂内，可通过影片欣赏，让学生有感而发，书写想法；也可通过练习硬笔书写或粉笔书写，指定学生抄写某一段红色历史文化；或根据百色红色文化小故事，让学生写观后感，或让学生发挥想象力，创作红色革命新歌曲、红色文化小品、戏剧等。

（5）走——感百色红色文化。百色红色文化有310个左右的遗址遗迹，分散在百色地区的各个县区中。学校应充分利用中职学生来自各地的优势，组织学生在假期时间就近到遗址遗迹参观，回来以图片、文字、口头描述等方式和大家分享。也可利用"五四"青年节、"七一"建党节等节日组织全体同学前往参观革命遗址，或组织班级"长征路步行活动"、组建校园"小教官连队"，纪念革命先烈、缅怀革命先辈。

（6）唱——颂百色红色文化。在过去艰苦的革命斗争时期，百色当地的老百姓以歌为工具，将革命精神传唱，将红色文化传承；在忆苦思甜的今天，也创作出不同的歌曲，缅怀历史缅怀英雄。对于爱唱歌的青春期中职生，"唱"的形式使其更容易接受百色红色文化。教师可以教唱《百色起义颂》《我们是百色起义的红军团》《千姿百色》等红色歌曲，并辅以选为班级红色文化主题歌、班级红色歌曲传唱、学校红歌大赛等形式激发"唱"的积极；再进一步的，可以组织学生创新"唱"，进行语言汇通，使用壮语、英语、汉话等形式演绎百色红歌；甚至可以激发学生音乐源泉，套用经典谱曲，自行创作百色红歌，丰富百色红色文化资源。

（7）赛——展百色红色文化。要抓住青春期的中职生好胜好强的特点，开展不同形式的百色红色文化比赛，让中职生感受比赛的压力，激发积极主动性去收集和学习百色红色文化，然后通过比赛加深对文化的了解，激发兴趣，从而通过比赛获得知识，获得满足。班级可开展个人说百色红色文化小故事比赛、红歌唱比赛、书写红色文化比赛等形式；学校可开展红色经典文化诵读比赛、红色文化故事征文比赛、红色文化原创歌曲作品大赛等，对于好的作品还可以支持谱曲，推荐到电视播放、校园广播使用或是统一出版成书。百色红色文化是先辈们留下来的丰富资源，我们必须不断地去挖掘，不断地通过有效途径引进校园，影响和感化新一代接班人。不断将百色红色文化推进中职校园，是我们义不容辞的责任，因为这不仅能促进中职学生的思想道德水平的提高，促进中职教育事业的发展，也有利于百色红色文化的精神传承。

# 德保县职业技术学校马术专业人才培养方案

## 子课题《矮马产业文化传承研究》

### 一、专业背景

随着全国马术运动深度普及，德保矮马应体形优势尤其适应青少年马术教学，市场需求正日益提升，而熟悉德保矮马品性的养马、驯马专业人才稀缺。通过培养此类专业型人才，可在学生毕业后，通过"人＋马"打包的形式，借由广西马术协会与瑞典马术学院双重推荐，输送至全国各地马术俱乐部，开展青少年马术教学。这一做法，可将德保矮马由役用型的低附加值局面，改善成为"观赏＋骑乘＋马术教学"三级产业结构格局，大大提升德保矮马的产业化升级，提高德保马术专业整体水平。

### 二、培养模式

为了促进德保矮马产业化升级，扩宽德保县职业技术学校应届毕业生就业渠道，打造自治区特色示范中职专业，该校（以下称甲方）和广西马术协会（以下称乙方）友好协商，双方决定实行订单式办学，吸纳适龄青少年进行中职马术专业教育，由广西马术协会在学校内开设马术专业班，学制三年，教学计划由双方共同制定。学生在校期间，常规中职教育课程由甲方开展，马术专业课程由乙方负责聘请瑞典马术教育学者、国内马术权威专家、广西马术队专业运动员等进行专业教育。乙方在入学期间与学生签订就业保障协议，承诺在学生毕业考核通过后，乙方与学生签订劳动合同，确保学生全部就业。（就业标准：月工资不低于2000元，医疗保险、养老保险等参照广西马术协会其他在编员工）。乙方在实习期间，提供学生食宿等保障，并针对实习岗位不同发放补贴，月补贴不低于1500元。同时，学校和广西马术协会双方努力将该马术专业打造成为自治区中职特色示范专业，申报自治区特色专业，面向全区扩大招生规模。

### 三、教学与实习

第一、二年为理论、实践课程。第三年为实习课程。理论与实践课程教学地点为德保县职业技术学校，实习地点为广西马术协会下属各马术俱乐部。

### 四、师资及教材

（1）理论课程教材按教育部关于中职教育的标准执行，由甲方负责。具有所学专业必备的文化基础知识，主要包括德育、数学、语文、英语、计算机应用基础、体育、美育等基础知识。

（2）马术课程由乙方负责聘请瑞典海菲尔德马术学院教练进行教学，其中确保学生第一、二学年每周安排两天马术、英语的双语化教学，由外教、广西马术队教练、甲方英语教师共同完成。

（3）马术课程教材由瑞典海菲尔德马术学院就甲方的实际情况与乙方的用人要求编写。

## 五、课程及毕业要求

（1）马术理论课（双语）部分：设马术英语教学及会话、各类马术比赛规则；少儿马术英语入门等课程（要求课程不低于192节，并通过相关考试）。

（2）马房管理部分：设马匹日常饲养与维护；疾病诊断与治疗；修蹄钉蹄；马匹调教技术等课程（要求课程不低于480节，并通过瑞典海菲尔德马术学院标准考试）。

（3）骑术课程部分（要求课程不低于480节，并通过广西马术协会骑手通级考核B级）。

（4）专业互补性知识：

1）了解人口、法律、资源与环保等方面的知识。

2）了解创业、立业与就业政策等方面的知识。

3）了解市场营销、企业管理等方面的知识。

## 六、教学计划

第一学年教学计划见附表4，第二学年教学计划见附表5。第三学年为顶岗实习。

**附表4　第一学年教学计划**

| | | 德保职业技术学校马术专业课程设计 | | | |
|---|---|---|---|---|---|
| 第一学年上学期 | 课程 | 骑乘基础规范 | 马的生理构造 | 马术英语及日常用语对话 | 办公软件及电脑的使用与维护 |
| | 课时 | 50（实操40） | 30 | 40 | 10 |
| | 课程 | 德保矮马的起源及发展现状 | 语文与写作 | 物理 | 数学 |
| | 课时 | 5 | 60 | 40 | 40 |

德保职业技术学校马术专业课程设计

| 第一学年下学期 | 课程 | 骑乘基础训练 | 马的健康管理与疾病防治 | 马房管理规范 | 钉蹄技术入门 |
|---|---|---|---|---|---|
| | 课时 | 40（实操30） | 20 | 30（实操20） | 20（实操15） |
| | 课程 | 马术与中西方文化礼仪及历史 | 演讲与口才的训练 | 语文与写作 | 马术英语及日常用语对话 |
| | 课时 | 20 | 20 | 40 | 40 |

**附表5　第二学年教学计划**

德保职业技术学校马术专业课程设计

| 第二学年上学期 | 课程 | 马术骑乘训练 | 马匹的选育及调教 | 初级马球及规则 | 马术竞赛规则及场地路线的设计 |
|---|---|---|---|---|---|
| | 课时 | 20（实操） | 30（实操20） | 30（实操25） | 20 |
| | 课程 | 俱乐部及马术旅游的运营管理 | 青少年马术入门及马术课程的教授 | 马术赛事组织与管理 | 伤健策骑 |
| | 课时 | 20 | 20 | 20 | 20（实操15） |
| 第二学年下学期 | 课程 | 青少年心理与马术 | 教练员个人仪态及团队精神 | 速度赛马入门 | 教学实习 |
| | 课时 | 20 | 10 | 25（实操20） | 十周 |

# 北路壮剧走进职校课堂的教学模式

子课题《北路壮剧在职业学校的实践与传承研究》

文化部、自治区和田林县政府高度重视非物质文化保护和传承——北路壮剧，出台各种关于开展非物质文化保护和传承的政策与文件，田林县政府颁发了《北路壮剧进校园》文件，要求推进我县非物质文化保护和传承，提高我县人文素质，培养大批能保护和传承壮族戏剧能力。田林县职业技术学校领导及教务处领导对非物质文化保护和传承也高度重视和大力支持，研究了相关课题和教学方案。以此为契机，田林县职业技术学校承担起了非物质文化保护和传承——北路壮剧的任务，增办了音乐专业"北路壮剧"方向学历班，让学生（学员）主动参与到学习的过程中来，学以致用。因此，探索研究适合新的教学模式是势在必行的。

## 一、教学基础要求

### （一）壮剧教学语言

随着经济发展各地交流增多，汉语使用频率增加，农村的孩子从小就学讲普通话了，中小学校普通话的普及，普通话就是教学中的主要语言，校园内、师生交流通用的是普通话，短短几十年时间壮语在壮族地区也逐渐衰退。壮语保留较完好的县城、街镇等区域也受到极大冲击，壮族人民如果遗失了母语（壮文），给壮剧教学带来了难度。为此，我们建议在壮剧相关课程教学当中，应用壮语教学作为主要教学放言，而且带有"入戏"的壮剧语言。把壮语言贯穿整个戏剧基本及专业课教学之中。这与推广普通话并非矛盾，更是壮剧教学和壮族母话及壮剧传承与保护的需要。

以《壮文基础读本》为壮戏语言教学基础教程。学会壮剧的唱词、道白用壮族的方言土语，富有民族特点。其慢板中的咏叹调，中板中的喜调、采花调、高调、快板中的高腔、快喜调、快采花，散板中的哭调、寒调、诗调、扫板等等，全都来自壮族人所熟悉的民歌曲调；主要唱腔的唱词（包括五字句和七字句），都保持了壮族传统民歌的特有韵律结构：押韵形式。

### （二）壮剧教学内容

教学主要有壮剧剧本的编写、壮剧基本台步、壮族花扇基本技巧、男子壮剧行当扇法、戏曲身段手位指法、男子壮剧掌法、戏曲身段手位指法、男子壮剧身段组合等内容。北路壮剧唱腔的特点之一是几乎曲曲都有衬词、衬句。他们同唱腔结合时多用于曲头衬腔、连接衬腔和曲尾衬腔，起着提示情绪、承前启后、烘托气氛、加强语感的作用。北路壮剧的表演，有特色。北路壮剧的表演，角色也有分工。花脸分大小花脸，小生有文生、武生，旦角有正旦、武旦、老旦。

教师可以设计一些展现自我个性戏剧片段的活动，提供更多的实践机会，让学生投入到壮戏学习活动中。

## 二、戏剧教学法

戏剧教学法是在课堂教学中融入戏剧元素，将教学过程构建为戏剧过程以期达到增进技能、个人成长教育目的的教学方法。这种教学法的合理运用，对学生个体生命的解放与舒展意义重大，同时也可以提高学生的综合素质，是戏剧课程在职业学校课堂教学方法的改革与丰富。

正随着教育变革的本土深化，北路壮剧是将戏剧与剧场之技巧运用于学校课堂的一种教学方法。一般以创作性戏剧、即兴演出、角色扮演、模仿等方式进行。参与者在互动关系中能充分发挥想象，表达思想，由实践而学习，从而获得美感经验，增进智能与生活技能。这一教学方式的引入，使热闹的教学研究领域平添一股清新。

戏剧教学法的特点：加强过程性、体验性目标，引导学生主动参与、亲身实践、独立思考、合作探究，从而实现教师教学方式和学生学习方式的变革。

戏剧教学法这种新的教学方法在我国应用处于起步阶段。在职业学校的北路壮剧教学中，运用戏剧与表演的技巧从事学校课程教学的一种教学方式．它强调学生参与式体验式的学习活动，旨在培养学生的学习兴趣，提高学生的动作和语言运用能力。通过在壮戏课堂中组织和参与戏剧，得到了规范化，推广戏剧教学法。改变北路壮剧老艺人们口口相传，不利于推广的现状。课题组认为，这种戏剧的（教学）方式的戏剧教学法让学生在课堂上"入戏"，课堂效果会更好。

## 三、戏剧教学模式

教育戏剧就是一个讲述怕孩子忘记，示范他就会明，亲身经历就能全面掌握的教学过程。无论是学生在校上课，以至师徒培训工作坊也是如此。

### （一）戏剧教育模式

北路壮剧走进职业学校课堂之后，在基础课教学中，我们运用戏剧训练技巧，与相关的壮剧曲目与舞台剧创作表现进行教育，以教育为目标而非戏剧艺术的教学模式。

戏剧教育模式的教学过程

（1）壮戏剧基本训练——戏剧技巧语音、腔调、动作、表情、舞台效果的训练。并且在教学过程初阶段进行场景及角色探索。

（2）展示-借展演或排练，学习欣赏与理解。一般以渐进方式，由简单至复杂地传授。以壮戏活动为主轴，目的是学生的兴趣培养，更是学生创意与人格成长。每天流程：准备、呈现、回顾等三部分。要能达成普遍性、合乎当地壮族人民文化的价值感及资源能力，才是这模式成为职业教育一部分的重点。表面上与戏剧艺术的教育相似，但实际上与专业演员培训不同，是新形式教育的一种模式，职业学校更可将专业课发展成戏剧课。

## （二）教育戏剧模式

直接投入角色，促进参与者用自己的想法建构剧情与角色，运用对话促进参与者自己情感的表达及发展，值此达成解决问题的能力。此模式合适北路壮剧的教学形式。

教育戏剧模式的教学过程：

（1）老师引导入戏与学生共同商议扮演角色，根据环境及故事发展线索选材。

（2）探索-通过剧情的思维导图，或各种手法进行分析，并通过扮演范式，进行探索与排练，试图找出展演效果。

（3）结束探索，学生清楚角色的境况，并且进行总结及展示。让学生学会表达角色的立场及本人从中的思考。

## （三）角色情境模式

两个或以上角色身份分别面对的情境，进行学习的模式，使学生发现角色面临的问题，界定问题，发展问题及解决问题。

角色情境模式的教学过程：

（1）背景与规则-了解扮演规则，介绍不同角色的背景；壮剧题材中反映本民族生活内容；如《双状元》《双花配》等。

（2）时、地、因由-运用扮演范式，及各种图表探索，进行角色事件界定-时间、地点、问题及因由等；如《侬智高》《宝葫芦》等。

（3）发展事件-分别发展角色与事件的问题及困难，通过扮演范式，使角色探索面对事件的应对、感觉与解决方……《李元庆春碓》《薛平贵》。

## （四）故事教学模式

一种探索故事内容与意义，以所听、所读的故事、台词、"壮文字"作戏剧回应的教育戏剧教学模式。通过戏剧活动拓展对故事内容的理解，更深入地研习与演练故事与壮剧艺术作品。

故事教学模式的教学过程：

（1）了解故事-学生必须了解故事与"壮文字"。所以老师教案编写前，必须对故事结构-情势（背景）、角色、引入、探索、意外、选择、逆转、高潮、解决，各项解构环节有深刻的认识、了解及分析。

（2）探索、创作-从故事中的探索、意外、选择、逆转中进行研习、创作。

（3）扮演、展示、表达-通过扮演范式进入高潮与解决，使学生对故事有更深刻认识与印象。比如：黄永贵根据章回小说《五虎平南》的故事情节编演了赞颂壮族民族英雄的大戏《侬智高》《穷山巨变》《瞎子闹店》《薛平贵》等都可以应用故事教学模式。

结束语：壮族戏剧表演融入创设的不同教学模式情境中，强调戏剧在教学实践过程中的特殊功能，培养各种能力。重视的是职校学生参与壮族戏剧表演，体验学习快乐。北路壮剧教学中学生要弄懂台词，模仿语音语调，学会如何与他人合作，培养学生多种角色技能。使学生有获得成功的喜悦，从而增强了学习的兴趣。教育戏剧的理念是把演剧的架构化解为一个个要素，融入课堂教学的过程之中，作为一个教育理念和教育模式的创新，戏剧教学模式在中等职业教学的推广可以提高中职生适应全社会的能力，促进全面智能和潜力的发展，提升人文素质和专业技能。因此，戏剧教学模式在职校课堂教学进行有效推广的探索是一个有意义且亟待进一步研究的课题。

# 靖西民族文化在旅游开发中的传承发展
## ——以绣球、壮锦为例

子课题《中越边境地区中职学校刺绣文化传承发展研究》

绣球、壮锦是靖西民族文化旅游的一项重要资源，具有强烈的民族特性，不仅视觉上给人一种美的享受，而且在民族文化内涵中具有艺术和经济价值，是靖西民族文化旅游吸引外来游客的重要因素。因此，如何在旅游开发中实现民族文化的传承与发展，是目前我们需要面临的一项难题。

## 一、概述

### （一）绣球概述

据史料记载和口碑资料表明，靖西绣球至今已有 400 多年的历史。绣球起初作为壮族青年男女的传情信物，后来逐渐成为馈赠亲友的礼品、旅游纪念品，也可当作民族体育活动用品。靖西绣球主要产地是新靖镇旧州街，从 1997 年靖西主推旅游产业开始，绣球这一传统的手工艺品一下子出现在了靖西各个旅游纪念品商店里。作为靖西绣球主产地的旧州街更是迎来了"春天"，现在绣球已经成为靖西，乃至广西的名片。

### （二）壮锦概述

壮锦是广西民族文化瑰宝，也是中国四大名锦之一。靖西壮锦起源于汉代，形成于唐宋时代，普遍盛行于明清时期，具有深厚的地方民族特色。壮锦是由棉纱和五色线织成，其色彩绚丽，图案花纹别致，经久耐看，人民将他们经历变迁的历史浓缩在壮锦线条当中，充分体现壮族人民开朗、热情、纯朴、勇敢的性格，对美好生活的热爱和民族文化的敬仰。

## 二、民族文化（绣球、壮锦）在靖西旅游中的开发现状

在人民生活水平日益提高及旅游业快速发展的当今社会，特殊的民族文化旅游方式越来越受到游客的追捧，为适应市场的需要，在政府的大力支持下，靖西以本土文化资源为基础，通过加大文艺精品创作、包装民族传统节庆、推行文化旅游联创、加强文化产业发展等四大措施，吸引八方宾客，既传承和弘扬民族文化，又促进本地旅游业的经济发展。

（1）主要旅游景区。旧州绣球之乡，是以绣球文化为主题的休闲旅游地，目前旧州绣球已形成"公司＋协会＋农户"的生产经营模式，成为一种文化产

业。如今旧州街绣球年产 20 多万只，年产值达到 200 万元，绣球产品热销国内外。1998 年至今，旧州景区共接待游客 150 多万人次，成为区内旅游重要目的地之一。在这里游客可以亲身体验绣球的制作；观赏抛绣球表演，从中感受壮族男女向心爱的人传达的浓浓爱意，也可以参与其中体验一把壮乡的爱恋；游客不仅可以在这买到绣球壮锦等旅游纪念，还可以亲手制作。

靖西市壮锦展览馆其前身是靖西壮锦厂。于 1956 年成立绣球织社，1960 年改称靖西壮锦厂，专门从事壮锦生产和招工培训。靖西的壮锦产品还多次参加全国、全区举办的民族工艺品展销，产品畅销国内外。2013 年，全县壮锦厂年产量 1.38 万件，产品畅销欧美、日本、韩国、新加坡等国家以及港澳特别行政区和中国台湾地区。

（2）旅游活动类型。旅游活动类型是指旅游活动内容的分类。按照游客不同个性和主导动机分为：观光型、娱乐型、保健型、文化教育型、业务型、社交型等等。靖西的绣球、壮锦民族文化旅游活动以休闲娱乐的观光体验为主，比如在政府的大力支持下，举办一年一度的靖西绣球、壮锦民族文化艺术节，人们可以在文化艺术节中感受壮锦之美，绣球之丽；2014 年 8 月，靖西县组织举办"靖西七夕绣球文化旅游节"，包装策划壮族婚恋习俗展示、抛绣球比赛、文化产品展销、音乐节等与本民族文化相关的活动，进一步扩大民族文化的影响力。绣球、壮锦作为靖西传统民族工艺，已经成为旅游产品中一项重要的旅游资源，应深入挖掘体验型旅游资源的开发，让游客参与旅游活动，这样不仅有利于绣球、壮锦工艺的传承和发展，而且能激发游客民族文化旅游的兴趣爱好。

### 三、靖西民族文化（绣球、壮锦）传承与发展存在的问题

（1）随着社会生活水平的提高，相比于传统服饰人们更追求时尚。随着科技的快速发展，壮族人民的服饰也逐渐潮流化，尤其是当代年轻人，认为壮民族服饰已经被社会所淘汰，加上当前市场上的服饰比较时尚，更受青年人的青睐，这就使壮族服饰的使用率大地萎缩。而壮民族文化是壮族人民智慧的结晶，是传统优秀的民族文化资源，这需要我们在旅游发展过程中寻求适合民族文化传承发展的途径。

（2）传统民族工艺面临失传的困境。据调查显示，传统的绣球、壮锦民间技艺一方面受到方便快捷，低成本的机器所替代，且掌握技艺只有一些年龄较大的老人，如堆绣是绣球工艺技能之一，目前也只有靖西市旧州街绣球王黄肖琴老师掌握此技艺。另一面，现在的年轻人对工艺缺乏兴趣和欣赏力，不愿学习传统的民间技艺。因此，对此若不采取相对应的措施，闻名中外的传统绣球及壮锦手工艺将会面临失传的困境。

### 四、靖西民族文化（绣球、壮锦）在旅游发展中传承发展的策略

（1）充分利用创建广西特色旅游名县大力宣传和发扬靖西民族文化（绣球、

壮锦）。目前，靖西在创建广西特色旅游名县，在全力打造特色旅游品牌中有一项是打造壮族文化品牌，以七夕绣球会作为靖西的旅游节庆。在打造休闲城市品牌中打造两条具有壮族特色旅游步行街。因此，在着力打造民族文化旅游时，可将绣球作为旅游形象进行宣传，创建具有民族风情的绣球和壮锦特色的标志性建筑，打造绣球、壮锦民族特色旅游步行街，建设以民族文化为主题的特色型酒店，将绣球、壮锦作为主题文化，从酒店建筑外观到酒店各项设施设备，包括餐厅用具，都以绣球、壮锦文化进行设计。其次，在酒店中开展壮民族风情表演，将绣球、壮锦文化及饰品淋漓尽致地展现给各方游客，让他们感受浓厚的壮民族文化氛围。再次，充分利用创建旅游名县的机会将传统的民族工艺品以旅游纪念品、旅游活动用品形式进行开发，使其得到传承和发展。

（2）民族文化进校园。由于现代化教育的发展，全面发展教育越来越受到人们的重视，人才的培养不仅仅局限于理论型，更注重技能型。对此，学校教育也可以成为民族文化传承和发展的途径，将优秀的民族文化（绣球、壮锦）作为学校特色课程的内容，也可以成立学校民族文化社团，创建民族工艺大师工作室，聘请绣球、壮锦专业人士定期到学校给学生上课，充分利用靖西特有的民族文化资源，将学生不定期带到绣球、壮锦企业进行参观学习。其次，带领学生参加各种形式的民族技艺活动，如 2017 年广西电视台公共频道举行的"挑战技能王"比赛、党旗领航、电商扶贫宣传活动等。再次，将绣球、壮锦文化及其历史融入课堂，让学生熏陶民族文化，传授民族技艺。

（3）创办民族文化（绣球、壮锦）旅游节。民族文化现象在各种民族节日中都能得到充分体现，可以充分利用传统的民族节日创办靖西绣球、壮锦旅游节活动。当前靖西的"三月三""鬼节""陀螺节""壮年"等虽然都是壮锦、绣球的大展台，已经能在一定程度上增进当地壮族人的自豪感，激发他们热爱、制作壮锦、绣球的热情。但是，仅仅这样面上的一阵风，对于民族文化的传承和发展的足迹是远远不够的，还必须深层次地扎实开展民族文化（绣球、壮锦）旅游的大推介、大宣传。为此，很有必要创办一年一度的靖西绣球、壮锦文化旅游节日活动。通过举办绣球、壮锦节，举办形式多样的民族民间技艺展演和比赛活动，使更多的人感知民族民间绣球、壮锦手工艺的魅力。

（4）开展民族文化（绣球、壮锦）旅游体验活动。随着旅游人群的不断扩大，旅游知识的增长和识别能力的提高，旅游者要求能亲身体验民风民俗，参与民间活动，感受浓郁的人情味乃至旅游活动冒险的趣味，要求参与其中而不是从旁观赏。因此，在旅游开发内容中开展民族婚俗、民族服饰展和民族体育竞技等体验型活动，能让人尝一尝、试一试、置身于异地风情、异国情调中开展绣球制作体验活动。在体验活动过程中一边向游客讲解绣球的制作方法还有其历史及象征的意义，让游客亲身体验并学习制作一个完整的绣球。同时还可以充分发挥游客自身的想象力绘制绣球上的图案，享受绣球制作过程的趣味，通过这样参与性的活动，民族文化得到宣传，民族工艺得到传承和发扬。

结束语：在靖西创建旅游城市的当前，一方面，政府和旅游部门要充分利用壮民族文化资源，创设民族特色旅游；另一方面，当地老百姓在将民族文化转化为旅游产品的同时，也要认识到民族文化的自身的魅力及价值，并享受民族文化旅游所带来的经济效益，在进行充分开发的前提下切实保护好民族文化。从长远利益出发，民族文化的传承和开发存在一致性，民族文化保护得好，对旅游者的吸引力才会持久，旅游业才能得到可持续发展，反之，旅游业的发展也能保护民族文化，促进民族文化得到有效地传承和发展。

# 黑衣壮文化在中职学校的传承发展模式

子课题《黑衣壮文化传承发展的研究与实践》

黑衣壮是壮族的一个支系，在桂西南边陲的那坡县大石山区中居住，有9975户人家，5万多人，占全县壮族人口的32%。由于历史上战争和民族迁徙等原因，黑衣壮人躲入深山老林，过着几乎与世隔绝的生活，从而保留了古老的文化，保留着壮族最原汁原味的习俗，被人类学专家称之为壮族的"活化石"。2004年那坡县的黑衣壮合唱团用一首无伴奏合唱山歌——"尼的呀"拉开南宁国际民歌艺术节序幕，那原汁原味的山歌，奇特的服饰和淳朴的笑容，打动了广大观众，从此，黑衣壮成功向全国、全世界人民展示了民族风采，也成为许多专家学者的焦点，纷纷来到那坡更深一步的研究；对黑衣壮的历史、文化和民间技艺作了更深的挖掘，形成独特的文化内涵。黑衣壮文化的作为一种神秘的原生态文化现象已受到世人的极大关注。黑衣壮文化的许多项目列入非物质文化遗产，其中，2006年那坡"壮族山歌"荣列首批国家级非物质文化遗产代表作名录，"壮族花炮节""壮族请仙同"、黄皮果酱制作工艺等项目列入自治区非物质文化遗产名录，有24项列入市县保护名录。但随着全球化发展的不断冲击和现代化进程的加速，黑衣壮文化正日益减少乃至逐渐消亡。

文化是民族的血脉，是人民的精神家园；优秀民族文化是我国各民族共有的精神财富；职业教育作为国民教育的重要组成部分，是民族文化传承创新的重要载体，我校作为本县唯一的中职学校，对黑衣壮文化传承保护的研究，让黑衣壮文化可持续发展，让当地人民在对自身优秀文化资源的利用中获得利益，是我们主要工作职责之一。

## 一、中职学校传承发展黑衣壮文化的意义

（1）有利于民族文化传承和保护。黑衣壮民分散居住于落后偏远的地区，有很多民族文化和民间技艺是在生产生活中依靠手口相传，师傅带徒弟等模式才得到传承发展；我校办学目的主要是为当地生产一线培养实用型人才，学校有师资力量，有黑衣壮师生和周边群众为主体条件，是传承和保护黑衣壮文化研究的最佳单位。

（2）有利于中职学校特色专业建设。探索黑衣壮文化，把黑衣壮文化融入中等职业技术学校的教育教学上，培养本土人才，使民族文化和民间技艺传承发展，有效推进黑衣文化传承保护与经济建设相融洽的特色专业建设，经我校多年的实践，开办多期的培训班和全日制班级的渗透教育，为特色专业设置打下良好

基础，目前黑衣壮特色旅游服务与管理专业办学条件成熟。

（3）有利于推进边境经济的发展。多年来，那坡县委、县政府根据党的十八大报告强调："建设优秀传统文化传承体系，弘扬中华优秀传统文化。"提出了"文化兴县"的发展战略，把生态旅游业列为全县战略产业，着力把生态建设、民俗旅游开发利用加以培植建设；黑衣壮文化内涵有着十分丰富的生态、旅游资源，只要有计划有目的培养壮大黑衣壮文化实用人才，提高居民素质，就能为当地精准扶贫建档群众提供更多的就业机会，促进少数民族地区的经济发展。

（4）有利于边境和谐稳定。那坡地处中越边境一线，两国边民在经贸、文化等方面交往频繁，涉外婚姻较多。开展丰富的黑衣壮文化活动，能活跃边境文化娱乐活动，促进民族团结，边境稳定，为各种文化交流学习、取长补短、共同发展，提供了重要的机遇和舞台，更有力地抵御西方的不良文化和腐朽文化渗透。

## 二、中职学校传承发展黑衣壮文化的规划

（1）成立了以校长为组长，骨干教师为组员的研究团队。积极开展教研活动，打造一支勇于创新、乐于奉献的专业教师队伍；认清民族文化传承是县级职业学校教育教学工作的重要组成部分，传承与保护黑衣壮文化，创新专业发展是每位教师义不容辞的责任。

（2）制定传承保护的具体内容。一是把黑衣壮文化渗透到各学科教学之中，特别是黑衣壮文化在思想政治和专业课教育教学的运用研究。二是把专业课程改革与黑衣壮文化传承保护工作结合起来，开辟具有地方特色的新专业，促进当地经济发展。三是把黑衣壮文化引入校园，丰富学生第二课堂，总结经验，向全县中小学推广，提高教学质量，更好传承保护黑衣壮文化。

## 三、中职学校传承发展黑衣壮文化的实施

（1）组织黑衣壮文化研究组成员，深入村屯开展调查研究，广泛开展"爱我文化、兴我民族"宣传教育，增强对本民族文化的认同感；增强对本民族文化的传承与保护意识，发挥本校开展职业培训职能，举办各种层次的民族文化骨干培训班，培养各个层次的民族文化传人；积极引导家庭式传授，家族式传承的分散培训方式，使珍贵的非物质文化遗产和技艺得以保护和传承；保护和挖掘民间艺术人才、乡土人才，特别是非物质文化遗产代表性传承人。努力把当地现代经济开发和黑衣壮各种文化资源有机的融合，促进民族产业开发利用。

（2）把中职学校全日制班级和职业培训班的德育教育、礼仪课、创业教育课与黑衣壮孝文化、礼俗文化有机的结合，进行渗透教育。

（3）对照中职学校专业设置目录，筹办黑衣壮特色的服装专业和黑衣壮特

色的旅游服务与管理专业。经几年的筹备，我校从简单的短期培训班入手，黑衣壮特色旅游服务与管理专业的相关课程设计、教材编写、专业师资培养、专业实训设备等基本达到了专业办学需要，很适于我县经济发展。

（4）采取聘请当地歌谣传承人、民间山歌手、文化工作者进学校传授等灵活多样的教学形式，开展多种形式的民族歌谣学唱、传唱活动。同时，还可把当地优秀的民歌舞蹈、地方戏剧、曲艺以及民族民间的传统手工艺制作、体育竞技等内容编成教材，大力开展"乡土文化进校园"活动，促进黑衣壮特色的校园文化建成。

（5）我校是中小学校教师继续教育培训基地，承担小学教师进修培训任务；每年有计划的组织了相关黑衣壮文化传承业务培训。培养一批熟悉黑衣壮山歌文化的小学教师，几年来，结合我县中小学校开展社会主义核心价值观山歌进校园的活动，我县中小学生普遍会唱相关的山歌；实践了在当地幼儿园、中小学校的体育、德育、音乐和美术等课程适当渗透黑衣壮文化内容，丰富学生第二课堂。

（6）尝试学校与旅游公司合作，一是研究黑衣壮传统技艺，开发与黑衣壮服饰相关的旅游产品，推广以黑为美的民族工艺品和更可口的特色食品，提高旅游产品附加值；二是把近年来出版的《那坡县非物质文化遗产普查名录》《龙合五月五花炮节》《婚礼酒歌》《壮族风俗歌、祝寿歌》作品和《山歌年年唱春光》《充满希望的壮乡》《黑山魂》《壮乡美》山歌开发，篇成戏剧搬上舞台，在黑衣壮风情园和黑衣壮景区投入市场，助推我县旅游业的发展。

（7）校内设立黑衣壮文化传承和民间技艺工作室，邀请本县从事黑衣壮文化研究的专家、能人、黑衣壮民间能工巧匠作为我们的顾问，开展经验交流，建立黑衣壮文化传承教师档案，根据专业和工种培训，聘请黑衣壮民间能工巧匠给广大群众进行培训，使更多的村民熟练掌握生产工艺。也作黑衣壮特色旅游服务与管理专业和培训工种的外聘教师人选。

## 四、中职学校传承发展黑衣壮文化的前景

（1）黑衣壮文化得到有效的保护和传承。中职学校能有效解决了黑衣壮地区，因青年人完成义务教育后升学或外出务工后，出现当地黑衣壮文化传承人青黄不接的现状，也能解除因生产生活成本太高许多黑衣壮宝贵物质文化被现代生活和理念代替；同时，中职学校不断挖掘潜在的黑衣壮文化特色文化内涵，使黑衣壮文化创新，与都市生活文化得到充分的交流，黑衣壮文化得到了可持续的发展。

（2）学校办学有特色，办学质量稳定提高。贫困地区县级职业学校，由于各种原因，办学强势难与发达地区职业学校、城市职业学校比较，在招生、就业

上均属于劣势地位，只有依靠当地文化资源，办出特色专业和工种，让其他学校无法复制的办学精品，学校才有生存的空间。依托古朴而神圣的黑衣壮文化、民间工艺技术，办有特色专业，办成特色学校。

（3）区域经济得到了发展，社会进步。黑衣壮文化资源丰富，但由于分散居住于落后偏远的地区，因语言、文字制约，传统的文化主要靠家庭和村屯艺人的传、帮、带传承，范围窄小，传承发展有限，只有通过中职学校进一步挖掘研究和创新开发，将这一文化资源运用于现代生产生活中，使文化资源向文化教育资本转变，实现民族产业升级，促进经济发展，社会进步。

# 中职学校传承发展区域民族文化和特色旅游服务与管理专业建设的研究

### 子课题《黑衣壮文化传承发展的研究与实践》

特色专业是指中职学校专业建设过程中，以培养高素质人才为目的，在课程体系和教学内容上与普通专业存在着异性，是通用技术及为服务区域经济发展进行新建或改建专业，突出具有人无我有，人有我优，人优我精，人精我特，不可复制的专业教学，是在原本就已存在的专业上进行升华。目前，民俗文化旅游和生态旅游是少数民族地区主要的产业之一，也是民族地区的经济增长的重要途径，中职学校依托地方产业，为经济社会的需求培养实用人才，是民俗旅游、民族文化传承发展的主要载体，旅游产业壮大将影响到中职学校办学。

## 一、区域民族文化的传承，民俗旅游产业发展，为学校特色专业创造条件

（1）问题的提出。广西那坡黑衣壮因地处偏远、闭塞而完整保留了壮族古老文化，被称为壮族活化石；2004 年那坡县的黑衣壮合唱团用一首无伴奏合唱山歌——"尼的呀"拉开南宁国际民歌艺术节序幕，那原汁原味的山歌，奇特的服饰和淳朴的笑容，打动了广大观众，从此黑衣壮成功向全国、全世界人民展示了民族的风采，也成为许多专家学者的焦点，纷纷来到那坡更深一步的研究。对黑衣壮的历史、文化和民间技艺作了更深的挖掘，形成独特的文化内涵；但很多民族文化和民间技艺是依靠手口相传，师傅带徒弟等模式才得到传承发展，在现代生产生活的冲击下，这种独具特色文化正在发生急剧的变迁，突出的是黑衣裤、黑头帽（巾）等服饰文化被从超市购进的现代时装代替，民俗歌舞、礼俗礼仪绝传、缺乏文化传承人，非物质文化逐渐消失。如何继承和保护优秀的黑衣壮文化，本地的中职教育肩负起承接传统文化和现代文明、民族技艺发展创新的重任。

（2）民族文化传承人青黄不接，激发中职学校培养急需人才。黑衣壮文化经历了无数的社会动荡和外来文化教育的冲击，但是，依然生机勃勃地继续存在和发展着，具有极强的历史传承性，是因为它有通过语言传承、行为传承、也有通过各种仪式和宗教形式挟着本民族的各种深层心理与精神信息，流入新一代黑衣壮人的心田，刻下深深印迹，但是在传承发展中也有很多难处。一是黑衣壮没有自己的文字。广泛使用的是汉字同音为土俗字或汉语拼音标注，通过第三者语言行为实施，传承面窄、方言不同有偏差，传承效果不佳，特别是山歌文化、民

俗礼俗文化，非黑衣壮方言很难统一传授，很大程度上是靠社会和家庭形成的风俗习惯来担负。二是黑衣壮文化传承人青黄不接，例如，在年轻一代人中懂唱、爱唱、愿意传承山歌青年人少之又少。随着教育的普及，青少年一代完成普九及高中教育后，或继续升学或外出务工，留在当地靠长辈语言和行为传承的人寥寥无几，受都市文化和现代经济的冲击，社会上更没有人愿意从事黑衣壮文化的传承，一些其他民族工作者用通俗汉字或汉语拼音标注，往往渗透了多民族信息，就出现结果走样、变调、变味，缺乏本民族风味，很难传承下去。只有通过职业教育为当地培养专业技术人才，同时源源不断地培养黑衣壮文化传承人，并不断地同外界进行物质、能量、信息的频繁交接，实现新陈代谢，才能使黑衣壮文化自我保护和自我更新延缓存续的发展。

（3）黑衣壮文化传承与民俗旅游业发展的需要，人才培养迫在眉睫。建立市场为导向符合区域发展的人才培养模式，立足地方经济为区域特色产业服务，是职业院校面临的重要课题。那坡县地形地貌奇特、山水秀美，气候宜人，黑衣壮的原始村落，奇特的礼仪、饮食居所、服饰装束、山歌舞蹈、宗教信仰等原汁原味的民族文化和民族风情别具一格，具有很高的旅游开发潜力。近年来，那坡县委、县政府高度重视旅游业，形成共识，要立足黑衣壮资源、生态和区位优势，加快发展民俗文化和生态旅游业发展，加大宣传力度，国内外游客纷纷到黑衣壮地区采风、考察、游玩、消费等，黑衣壮地区的民族风情旅游、边关地区生态旅游火起，给民俗旅游服务专业人才的培养带来了良好的机遇，也是为职业学校发展特色专业，培养适于本区域适用人才创造条件。也就是说，随着民俗旅游业发展需要，人才培养迫在眉睫，职业学校要不断为地方培养出用得上、留得在的特色旅游服务与管理专业人才，为当地经济建设服务。

（4）民族地方产业发展，促进职校特色专业建设。那坡县的旅游业发展潜在着很大优势，首先，全县旅游总量丰富，类型多样，品质优良，特色鲜明。据2015年版的那坡县旅游发展总体规划介绍，在旅游资源类型的8大类31亚类和155个基本类型中，那坡资源8大类齐全，有21亚类，43个基本类型；其次，黑衣壮文化底蕴深厚。例如，黑衣壮山歌进入国家级非物质文化保护名录，这山歌讲唱艺术、托物取喻、触景生情、能以歌代言、以歌传情、以歌交友、以歌祝福，寄寓了人们生活理想和对爱情追求，流淌着优秀灿烂、色彩斑斓的历史文化；另外，黑衣壮民俗文化、边关风情、气候宜人和区位优势，已孕育着无限的发展潜力，既是挖掘民族文化底蕴，又是符合休闲度假的旅游胜地。中等职业学校办学要树立"立足本位，适应社会"的发展理念，及时调整专业建设目标，突出办学特色，开展特色专业建设，为当地经济建设需要人才提供保障的新观念；几年来，那坡县职校积极探索专业建设，随着旅游业发展，特色旅游服务与管理专业的建设趋向成熟。

## 二、特色旅游服务与管理专业建设的探究

（1）把特色旅游服务与管理专业建设放在学校优先发展的位置。成立了以校长为组长特色专业建设领导小组，针对黑衣壮文化传承保护，开展大讨论，把特色专业建设，促进中职学校内涵发展认真研究，把适于当地经济建设的需求和满足学生发展要求，认真分析，围绕着市、县人民政府工作报告中提出的旅游新思路，确立把黑衣壮文化传承融入当地的旅游服务业之中，创办特色旅游服务与管理专业，多年来，从教师培养、实训室和实训基地的建设、教材编写等作了布置，从黑衣壮特色餐饮服务、乡村旅游、民族服饰制作、刺绣等培训班开始筹备，特色旅游服务与管理专业的筹建工作基本完成。

（2）送培老师、外聘和引师入校进行校本培训相结合，不断充实专业师资队伍数量、提高质量，满足教育教学需要。一是通过选派年轻教师参加教育厅委培院校培训班学习。二是选派年轻教师参加区市技能鉴定所开展的旅游服务工种技能鉴定考证培训班学习，参加培训教师均取得技能等能证书，成为"双师型"教师。三是积极向上级争取有专业特长的特设岗位教师。四是政府通过高校定向培养办法。五是派教师到兄弟学校跟班学习。六是依靠区内外支教后援单位选派教师支教。七是聘用社会上有专业特长的能工巧匠民间艺人执教等形式培养特色旅游服务与管理专业课教师，满足教学需要。多年来，那坡县文化馆、广西黑衣壮生态博物馆、广西边疆民族博物馆、黑衣壮旅游服务公司、百色蓉幸达大酒店、那坡饭店、丰源宾馆、纷纷派出专业技术人员执教，与此同时，学校还聘请了一些民间工匠到学校开展黑衣壮技艺指导，把特色旅游与现代旅游服务专业有机结合，黑衣壮文化和民间技艺得到有效传承，提高了专业教师的普通技能与民族特色技艺水平，特色旅游服务与管理专业师资队伍有了保障。

（3）注重实训室筹备和实训基地建设，满足专业实训需要。根据旅游服务与管理专业教学和每年全县工种鉴定需要，本校争取到县财政拨款，已建成形体训练、美容化妆训练、导游、收银台、宾馆前台、客房服务、餐厅服务、烹饪、语音训练、电子商务、民族服装工艺、茶艺训练等实训室，在校内设立民间技艺工作室，在校外饭店、旅游服务公司等设立我处实训基地，满足专业课教学实训需要。

（4）加强教材编写，突出专业特色。每位专业课教师坚持在旅游服务与管理专业教科书基础理论上渗透黑衣壮特色知识，既取教科书精华所在，又能反映黑衣壮特色知识技能，有独到之处，在编写过程中有广西纺织工业学校和百色财经学校的服装设计、旅游服务与管理、市场营销等专业课教师参与，有百色市烹调协会烹饪大师、百色蓉幸达大酒店技师具体指导，目前已有了整套乡土教材长期用于教学之中。

（5）特色旅游服务与管理专业建设实践中，得到多个部门支持。那坡县职校把推进黑衣壮文化传承作为一项义不容辞的责任，得到各级党委和政府支持，得到了县旅游局、民族局、民政局、发展改革局、妇联、残联、文化馆、博物馆等多个部门大力支持，开展教育教学工作成效显著，为特色旅游服务与管理专业筹办打下了良好的基础，许多部门领导经常过问相关教育教学工作，与多个单位联合开展多期培训，对黑衣壮地区文化传承发展起到引领作用。

（6）产教结合传承发展民族文化。一是学校结合生产需要到村屯和生产单位开展培训；把黑衣壮文化传承发展结合生产需要加以创新，如在黑衣壮景区和黑衣壮生态博物馆开展了职业道德和法律法规知识和旅游服务知识，提高乡村旅游服务质量；同时邀请民间技艺能人开展黑衣壮民族刺绣、在背包、帽子、毛巾、鞋面等服饰绣花工艺培训班，使民族工艺品质量不断提高。二是按用人单位要求，在校内办培训；根据工种不同，邀请专业技术人员和民间技师到校授课，曾开设了客房服务员、收银员、餐厅服务员、烹饪、商品营业员、保安等工种的培训，使旅游服务质量不断提高，同时增加黑衣壮民俗文化和民族技术工艺知识。银丰宾馆、那坡饭店、丽红超市、黑衣壮旅游服务公司就聘用了许多具有专业技能证书的学员，学员具有现代旅游服务和黑衣壮特色文化知识，社会效益好。

（7）加强课程改革，做好特色旅游服务与管理专业课程发展规划，把民族文化传承和旅游服务与管理专业课程有机结合。在教学工作中，针对为企事业单位培养以旅游、饭店、会展、休闲等具备导游和具中级服务员劳动职业资格，为当地经济服务，培养出具有综合能力的复合型技能人才。首先，在职业道德、礼貌礼仪、法律法规等思想政治课程中，将黑衣壮孝文化、婚丧文化、黑衣壮礼貌礼节、当地风俗习惯有机融合。其次，在语文、应用文写作、演讲口才等文化基础课中增加黑衣壮民间写作、民间故事、黑衣壮历史等。在音乐、体育、形体等体艺课程中加强黑衣壮山歌、民间体育竞技、黑衣壮服饰装束表演等课程的开发，把现代课程与民间课程结合，把本民族文化溶入多民族文化。再次，在专业课之中，无论是导游知识、前厅服务、客房服务、餐厅服务、烹饪技术、服务礼仪等课程，均注重现代专业知识与黑衣壮特色知识的差异，结合实际开展教学。另外，开设一些黑衣壮民间技艺选修课程；特色旅游服务与管理专业水到渠成。

## 三、民族文化传承、民俗旅游产业的发展，初现特色旅游服务管理专业建设成果

（1）专业教学研究初见成果。那坡县职校专业教师认真挖掘黑衣壮文化，在春社节、花王节、牛魂节、尝鲜节等特色节庆中积极开展研究活动，特别是在

黑衣壮服饰文化、山歌文化、饮食文化、干栏式建筑文化；对传承发展黑衣壮特色文化的教学研究已取得了显著的效果，专业课教师撰写的教学论文《干栏式建筑民居环境与寄生虫危害的防治》《大山韵永不凋谢——马独屯黑衣壮民间歌谣流传原因探索》分别在省部级公开刊物上发表。

（2）黑衣壮歌舞与现代歌舞结合传承得到了发展。自黑衣壮"呢的呀"歌声首次在广西首府南宁亮相后，黑衣壮民族旅游开始兴起；黑衣壮歌舞也得到开发，与外界现代歌舞得到交流，多年来，经那坡县职校与相关部门共同努力，不断传承发展黑衣壮民族歌舞的开发得到社会肯定与赞赏，区内外很多的民族歌舞的创作就有了黑衣壮民俗歌舞的成分；与此同时，黑衣壮景区和黑衣壮生态博物的许多村民除了唱山歌，唱流行歌曲外，也能把流行歌曲改成山歌。另外，当地政府非常重视文化工作，把山歌进校园作为一项学校常规工作来抓；特别是把社会主义核心价值观编成山歌，让中小学校的学生均能用黑衣壮山歌形式开唱；高中教育阶段，开设山歌创作选修课，由本土黑衣壮文化传承人执教，对黑衣壮歌舞与现代歌舞结合传承发展有丰富的经验。

（3）黑衣壮服饰文化和现代时装结合传承初见成效。黑衣壮服饰可以说是到今天保留着最为传统，最具民族特色内涵的壮族服饰，黑衣壮穿戴上讲究实用，款式大方、朴素美观别有韵味。但现代工业和都市时装冲击，黑衣壮的服饰保护和发展受到了很大影响，六十年代后生，几乎是逐步不能完整加工制作，随着旅游业的发展，如何把黑衣壮服饰文化资源转化经济资源，已成为地方官员、社会人士共识，那坡县职校与相关单位经多年研究和培训，黑衣壮居民思想意识有了明显变化，很多年轻人在老年人的指点下，过年过节和有宾客到来，又是整套黑帽（巾）、黑衣裤、黑鞋袜；住户门前或家中摆有零星的黑衣壮服饰展销品，新产品也在不断改进突破，既保护民族服饰的传统工艺不致流失，又使黑衣壮服饰文化和国际时尚结合，如在头巾、衣袖、衣领加了修饰红带，着装更加美丽动人。同样，一些黑衣壮服饰被利用于其他民族服饰之中，在多民族服装上展示。

（4）黑衣壮餐饮文化在旅游服务业成效。由于受当地气候和居住条件的影响，黑衣壮饮食习俗凸显个性，是城市生活无法找到健康的原生态美食，以玉米粥、苞谷糍粑为主食，以原生态瓜蔬、豆制品和自然放养的禽畜肉为菜肴，用自酿的淡苞谷酒为饮料的美食习惯，让城里人羡慕不已，馋涎欲滴。多年来，那坡县职校响应县党委政府号召，积极开展餐饮服务业务培训，引导居民创办"农家乐"旅游，黑衣壮民思想意识有了转变，在黑衣壮景区也有了不少的"农家乐"小餐馆，把黑衣壮的主食、菜肴、饮料投下市场，把特色产品资源转变成经济资源，许多家庭受益。2017年4月24日至5月2日，在县城举办第二届"壮族三月三"那坡风流街边关民俗文化旅游活动中，黑衣壮的各种各样的手工糕点、酸肉、腊肉、黑粽子、酒水等在美食一条街上展现，在当天美食评比中一、二等奖均是黑衣壮特色菜；黑衣壮餐饮文化的传承意识得到巩固，特色的旅游经济逐步有了效益；目前，县城许多餐馆也推出了黑衣壮的特色菜肴，使黑衣壮餐饮文化得到传承发展。

（5）黑衣壮礼仪文化在旅游服务逐步得到展现。黑衣壮古朴的风土人情，在许多年的实践和流传形成了独特的礼仪文化，善良好客的黑衣壮儿女，用独特的礼仪接待客人，经培训，改变了长期由男人在厅堂招待宾客用餐，妇女另外在伙房或灶台旁边用餐的陋习，如今，无论男女均同桌用餐，大方招待宾客，并用黑衣壮特有礼仪与客人对歌、猜码饮酒，也广泛用于乡村旅游服务之中，正如客人到本村屯或到家中，无论是生人还是熟悉的人；黑衣壮人主动问候、让座、上茶敬酒、甚至用山歌敬酒、迎送客人等均有独特的礼节情怀，在重大的节庆日子里还有男女歌手唱迎宾歌、祝酒歌、送客歌等相伴，增加了节日气氛，这一观念的改变，离不开职业教育。

（6）黑衣壮的传统体育项目的创新用于旅游业中。经那坡县职校体育组和相关单位创新开发，在节庆日子举办许多体育竞技项目，也逐步用于旅游业上，每届"壮族三月三"那坡风流街边关民俗文化旅游活动中，就有了斗牛、斗鸡、斗鸟、抢花炮、打陀螺、跳黑枪舞、踢毽子、猜码等竞技活动，带有浓厚的黑衣壮民族特点，这些项目既保存了传统的成分，又加入了不少现代元素，不断地传承、变迁、融合，发展成为一个民族传统艺术，成为与体育、旅游开发的主要项目，凡有节日活动，人口比较集中的黑衣壮村落都开展有民族体育活动。

（7）注重实用特色技能培训，效果佳。多年来，那坡县职校把英语口语和互联网技术引入培训教程之中，让村民从简单的日常英语用语和电脑技术开始学习，学员兴趣很大，基本上是活学活用，多次培训后景区居民对宾客的欢迎词、服饰制品和土特产品销售价格、与客人告别等能简单的用上英语，许多黑衣壮村民用上互联网，活跃了旅游的气氛，提高旅游产品的附加值。

## 四、区域民族文化传承，民俗旅游产业发展，使特色旅游服务与管理专业迎来新的挑战和机遇

（1）旅游景区、景点不在于多，而是在于精、在于特色、在于震撼，使景区景点成为独一无二，做到唯一、第一、专一的景象，拒绝平庸和同质化，当地旅游业才能发展；为此，给那坡县职校特色专业教学改革带来挑战，特别是专业课程要有自己的特色，是一个良好的发展机遇，更需要不断加强挖掘民俗文化，保护、传承和创新。

（2）那坡县党委和政府，十分重视保护民族文化工作，在保护古村落文化、保护乡土文化教育、保护干栏式古民居的原真性和完整性工作，在那坡县西山公

园附近，划出地块，由广西施程集团按"存古、复古、创古"原则，高起点的规划，打造黑衣壮民俗文化一条街，这一条街将按照古黑衣壮群众原汁原味的生产、生活建设，渗透旅游服务，将建成本地集文化、休闲、商贸、旅游等功能，成为文化体验、商业、旅游、休闲度假为一体的 4A 或 5A 级王牌景区，另外，目前，正在开发打造的那坡县德孚保护区景点、那马林场森林休闲度假景点、边境跨国漂流景点、"长排山之战"电影原型地景点的建设，需要大量的具特色旅游服务与管理人才，对办好特色的旅游服务与管理专业是职业教育一个挑战和发展机遇，更需要抓紧做好特色专业的建设。

（3）丰富多彩的民俗文化教育活动，给专业课教学和发展带来了活力，特别是每年的壮族"三月三"风流街边关民俗文化活动、山歌王季度争霸赛、中越山歌对抗赛和传统民间节日活动，为职业学校特色专业教育教学改革创新，提供更多的素材，是一个挑战和发展机遇，更需要专业课教师更深入开展研究，开发适用于经济发展的教程。

专业建设是中等职业学校发展的核心，是提高教学质量和办学效益的经常性和基础性工作；那坡县职校地处黑衣壮地区，有土生土长的黑衣壮教师，随着各级政府的重视，旅游业的发展，已成为边关地区、民族地区的主要产业；创办特色旅游服务与管理专业势在必行，只有把特色专业办好，办成特色学校，源源不断为当地培养适应社会发展需要人才，才能促进民族团结、社会进步，经济增长，也将影响到学校办学。

# 中职德育课程教学中渗透百色红色文化资源的实践探究

子课题《百色红色文化在中职学校的传承与实践研究》

## 一、百色"红色文化"的意义与内涵

目前，在中职德育课程教学这块，学校对德育工作的重视程度不一，导致中职德育课程教学依然存在着许多缺陷与不足，不仅制约着学校德育教学工作的深入开展，更影响着学生价值观的形成与奋斗精神的培养。从红色文化的发展历程来看，红色文化是中华民族优秀品质在不同时代下的锤炼和提升，更是民族精神在不同阶段发展下的创造性传承与弘扬，也是中华民族先进文化的重要内涵。其内涵深刻，表现形式多样，载体较为丰富，特点更为鲜明，具有倡导人类道德文明和理性精神的深远德育价值。红色文化主要是指中国共产党和广大人民群众在不断的革命斗争中与社会实践中，所形成的革命精神与美好品质。它既是人们奋斗的精神寄托，也是传统文化得以传承的载体，其存在形式主要包括精神与物质两种形态。关于精神形态的红色文化主要是指在革命战争年代与社会建设时期人们所形成的意识形态，正如井冈山精神、焦裕禄精神、长征精神、百色起义精神等等，其蕴含着爱国为民、实事求是、不怕牺牲、敢于奋斗等执着向上的深远精神，是社会主义文化思想和新民主主义时期思想精髓的精华部分，让中华民族的精神得以升华与传承，与社会主义先进文化存在着历久弥深的历史渊源。而红色文化的物质存在形式，通俗来说，则是反映红色文化的历史印记，也是蕴含着文化精神的物质载体。正如百色文化当中，不仅包含着各种历史悠久的革命圣地，更有记录着中华民族发展历程的博物馆、纪念馆等，其具有较强的感染力和实践教育性，见证着社会历史的发展与变迁。从历史发展的眼光来看，中国共产党的革命意志与百色少数民族地区社会实际互相结合，其百色红色文化资源所蕴含的精神主要表现为百折不屈、团结务实、奉献拼搏、争先创优为核心的百色起义精神。宣扬红色文化，有利于站在文化软实力的战略高度，替广大学生群体树立文化自信，以完成素质培养的教育目标，彰显大国魅力。

## 二、红色文化在中职德育课程教学中拥有的价值

邓小平同志曾在演讲中说到："理想信念不但是红色文化的重要内容，更是红色文化的宝贵财富"。精心挖掘红色文化中的经典案例让学生加以分析，有利于帮助未成年树立坚定的理想信念，从而培养他们的政治观念。随着改革开放的逐步深入与社会生活的日益变化，中学生的价值观念与道德取向都发生了较为深

刻的变化，世俗、功利的心理倾向逐步占据着他们的内心，尤其当前是一个崇尚个性的时代，部分学生集体主义淡化，在群体生活中太过于自我，不利于团结精神的发扬。红色文化在中职德育教学存在的价值，便是通过让学生了解中华民族发展的历史进程，进而弘扬中华民族的伟大奋斗精神，帮助学生加深对红色文化的理解，进而落实在自己的学习与生活当中，养成勤俭节约、吃苦耐劳的生活习惯。

### 三、关于充分挖掘红色文化资源开展中职德育教学的方法

（1）将对红色文化的认识融入集体活动。众人皆知，百色这座城市周边拥有优厚的红色历史文化资源，不但有中国工农红军第七军军部旧址，更有平马经书院、百色起义纪念馆等文化场所。教师在中职德育教学工作中，若能妥善组织学生参与德育实践活动，定能让学生眼前一亮，积极地参与到教学活动之中，在对历史场景的观看之中领悟革命先辈的奋斗精神。在中职德育课程教学之中引入团队协作环节，不但能充分利用起红色文化资源，更能有利的调动学生学习意识，在团队实践活动中加深对红色文化的认识。

（2）课程研讨中交流学生思想。进行中职德育课程教学的目的是使学生的思想产生质的升华，因此在课程研讨当中了解学生的思想情况显得至关重要。教师在教学活动之中，可以适当的给学生安排任务，通过以"读一本红色书籍""赏析一首红色歌曲"的形式，帮助学生对红色文化的了解提供媒介。必要时，教师可以精心准备德育教学工作当中的思想交流环节，以定期的帮助学生相互切磋与交流，在探讨当中提升对红色文化的认识。一来，这种方法能够充分在红色资源的基础之上结合学生特点，满足学生主体性的原则，切实符合学生思想发展的需要，二来，交流思想环节也为学生思想觉悟的提高提供着更为广阔的发展空间，学生在思想交流之中不仅可以认识到自己对红色文化思考的这块有哪方面尚缺考虑，更能在交流之中提升自己的逻辑表达能力。交流思想环节不仅促进着学生爱国主义情怀的提升，更侧面要求学生熟读红色经典，主动驱使学生参与到对红色文化的学习研讨之中，提升自我的个人修养。

（3）红色电影、故事赏析中渗透思想教育。由于当代中学生生活的年代与革命先烈所生活的年代较为久远，无法鲜明而生动地体验到革命先烈所处的生存环境，进而品悟先辈们在革命斗争中所具有的顽强拼搏精神。可是先辈们的奋斗事迹早已被记录成电影并广为流传下来，他们在民间还有许多值得歌颂的英雄事迹。教师在中职德育教学工作中，要充分挖掘这些英雄人物留下的影像资源，以促进学生对于红色文化知识的吸收。以"列宁岩"这一鲜明的红色故事为例，通过对韦拔群充分协调人民群众、积极参与劳动这一故事的讲述，充分赞扬了劳动人民的勤劳本色。在该故事中，韦拔群面对经费紧缺、资源稀缺的艰苦条件，

仍然面不改色，发挥带头作用开荒种地，亲自组织人民群众参与劳动，并利用空闲时间，采用编竹篮、编草鞋等方式解决学校的经费问题，为社会实践活动争创佳绩，充分弘扬革命先烈的奋斗精神。红色电影、故事的出现，渗透着百折不挠、团结务实、奉献拼搏、争先创优为核心的百色起义精神，有利于帮助学生加深对红色文化的认识。一来，故事和电影的思想教育形式比起枯燥乏味的概念灌输形式更易让学生接受，二来，学生可以从故事中受到启迪，从而引发自己对红色文化的思考与探究，受革命先辈的事迹感染而用艰苦奋斗的思想观念投身于社会实践生活当中。革命先烈所遗留下来的稀缺红色文化资源需要得到教师的重视，中职德育课程教学中渗透百色红色文化教育的目的便是要求学生牢记历史经验教训，传承中华民族的传统美德，把勤俭节约、百折不挠、团结务实、争先创优为核心的百色起义精神落实到生活与学习之中。以红色电影和故事为主的思想教育形式，为学生实际生活中如何落实红色革命精神树立起一颗标杆。

　　总结：中职德育课程的教学方法亟待改进，百色红色文化资源在中职德育课程教学中的渗透，有利于培养学生美好的爱国情怀，帮助学生领略革命先辈艰苦奋斗的执着精神，从而提高中学生们的思想觉悟，使学生们能够在物欲横流的社会环境下坚定理想信念，树立文化自信。

# 附录 2　调查问卷

## 关于民族地区非传统课程教学情况的问卷调查
### （教师问卷）

各位老师：

　　您好！非常感谢您在工作之余抽空填写这份调查报告。为了落实国家、地方和学校三级课程体系，很多地区将民族文化内容纳入了地方课程和学校课程。为了了解民族文化进校园以及地方课程和校本课程设置和建设情况，我们编制了此问卷。本问卷采取匿名方式作答，您填写的答案仅作学术研究分析之用，不会泄露给除了您和我们调研团队之外的任何人和企业。请您根据自己的实际情况，按照以下两点要求回答问题。

　　1. 请您把答案直接填写在题目""空白处；

　　2. 除题目后面注明"可多选"外，有两个或两个以上答案的选择题，一律只选一个答案，并在相应答案前的编号上打"√"。

　　感谢您的合作与支持！

### 一、本人基本信息

1. 性别：①男②女

2. 民族：

3. 年龄：

4. 文化程度：

5. 职务职称：

6. 您现属哪类教师

（1）学校领导

（2）学校工作人员

（3）科任老师（注明学科）

### 二、问卷

1. 您认为学校在传承民族文化中所起到的作用

A. 很重要　　　　　　B. 一般重要　　　　　C. 不重要

2. 您认为学校设置民族文化课程的主要作用体现在哪些方面（可多选）

A. 弘扬民族文化    B. 认同民族文化    C. 提高学生能力

3. 您认为学校开设民族文化课程（非传统课程）是否有必要

A. 很有必要    B. 有一定必要    C. 没有必要

4. 您认为学生对民族文化课程是否有兴趣

A. 很有兴趣    B. 有点兴趣    C. 完全没兴趣

5. 您了解到的学生家长对于学校开设民族文化课程的态度是

A. 理解并表示支持    B. 无所谓    C. 反对

6. 您认为现在学校开设的民族文化课程在整个课程中所占比重

A. 过大    B. 正好    C. 过少

7. 您认为开设民族文化课程是否加重了学生的学习负担

A. 是    B. 有一点    C. 没有

8. 您认为开设民族文化课程是否加重了教师的教学负担

A. 是    B. 有一点    C. 没有

9. 您认为教师应该如何分配传统科学课程和民族文化课程的比例

A. 更重视传统科学课程    B. 两者大体相等

C. 更重视民族文化课程

10. 您认为如何解决民族文化课程教师缺乏的问题

A. 民间聘请    B. 学校培养    C. 教师兼任

11. 您认为民族文化课程应该设置为

A. 一周 1 ~ 2 节    B. 一周 3 ~ 4 节    C. 一周 5 ~ 6 节

12. 您认为学校应该开设什么类型的民族文化课程（可多选）

A. 语言文字    B. 歌舞    C. 美术工艺    D. 体育

13. 您认为目前民族文化进校园最需要什么：（请按需要程度排序，在（    ）内填写序号，1 为最重要）

（    ）政策扶持（    ）资金投入（    ）教师培养（    ）教材编写

（    ）家长支持（    ）社会对民族文化的关注程度

14. 您认为目前民族文化进校园工作面临的主要问题是：（请按问题的严重程度排序，在（    ）内填写序号，1 为最重要）

（    ）无优惠政策（    ）缺经费（    ）教材不配套

（    ）缺乏相应教师（    ）相关教师培训机制不健全

（    ）学习民族文化无出路（    ）社会、家长压力

（    ）校点设置不合理（    ）生源不足

15. 您对民族文化课程教学工作的具体建议：

# 关于民族地区非传统课程教学情况的问卷调查

## （学生问卷）

亲爱的同学：

　　你好！非常感谢你在学习之余抽空填写这份调查报告，这是一份纯学术的调查问卷，主要是为了了解少数民族地区学生对开设民族文化课程（非传统课程）的学习态度及掌握程度。本问卷采取匿名的方式作答，你填写的答案仅作学术研究分析之用，不会泄露给除了你和我们调研团队之外的任何人和企业。请你根据自己的实际情况按照以下两点要求回答问题。

　　1. 请你把答案直接填写在题目""空白处；

　　2. 除题目后面注明"可多选"外，有两个或两个以上答案的选择题，一律只选一个答案，并在相应答案前的编号上打"√"。

　　谢谢你的配合，祝你生活愉快，学习进步！

## 一、本人基本信息

1. 性别：①男②女
2. 民族：
3. 年龄：
4. 年级：
5. 地区：①城镇②农村

## 二、问卷

1. 你觉得学校在传承民族文化中所起到的作用
A. 很重要　　　　　　B. 一般重要　　　　　C. 不重要
2. 你认为学校开设民族文化课程（非传统课程）是否有必要
A. 很有必要　　　　　B. 有一定必要　　　　C. 没有必要
3. 你对学校所开设的民族文化课程是否有兴趣
A. 很有兴趣　　　　　B. 有点兴趣　　　　　C. 完全没兴趣
4. 你认为学校开设民族文化课程对于你对本民族的认识是否有影响
A. 有深刻影响　　　　B. 有一定影响　　　　C. 没有影响
5. 你认为学好民族文化课程对今后升学有何影响
A. 积极影响　　　　　B. 消极影响　　　　　C. 无影响
6. 你的家人对于学校开设民族文化课程的态度

A. 理解并表示支持　B. 无所谓　　　　C. 反对

7. 你认为目前学校开设的民族文化课程难易程度如何

A. 过难　　　　　B. 难度合适　　　　C. 较容易

8. 你对本校民族文化课程使用的教材是否满意

A. 非常满意　　　　B. 一般　　　　　C. 不太满意

9. 你对本校讲授民族文化课程的教师的教学水平及方法是否满意

A. 非常满意　　　　B. 一般　　　　　C. 不太满意

10. 你认为本校讲授民族文化课程教师的师德师风的看法

A. 非常满意　　　　B. 一般　　　　　C. 不太满意

11. 你认为学习民族文化课程是否增加了你的学业负担

A. 是的　　　　　B. 有一点　　　　C. 完全没有

12. 你认为民族文化课程应该设置为

A. 一周1~2节　　B. 一周3~4节　　C. 一周5~6节

13. 你认为学校应该开设什么类型的民族文化课程（可多选）

A. 语言文字　　　　B. 歌舞　　　　　C. 美术工艺　　　　D. 体育

14. 你是否了解本校特色手工艺

A. 不了解　　　　　　　　　B. 了解一些

C. 了解　　　　　　　　　　D. 了解并经常参与

15. 你认为民间艺人教师对民族文化传承的重要性

A. 很重要　　　　　　　　　B. 比较重要

C. 一般　　　　　　　　　　D. 可有可无

# 附录3　访谈提纲

## 一、学生访谈提纲

1. 你对本民族文化特色有没有一定的了解？可以说几个举例
2. 你对在该校的学习生活是否满意？有没有什么困难？
3. 你喜欢现在学的专业吗？为什么？
4. 你觉得该校与你以前的教学方式上有什么不同？你喜欢吗？
5. 同学间交流主要是用汉语还是本民族语言？
6. 你对民族文化哪一方面感兴趣？为什么？
7. 你会唱本民族的歌或者舞蹈吗？
8. 你对学校开展民族文化活动有什么看法？
9. 你认为学校学习氛围如何？
10. 家里人对学习民族文化有什么想法？支持还是反对？为什么？
11. 你对未来职业有什么期待吗？说说自己的优势或者不足。

## 二、教师访谈提纲

1. 您的基本情况：民族_____、性别_____、学历_____、教龄_____、工作单位_____、职称_____。
2. 您所教的专业，以及每学期课时安排是什么样的？
3. 您对该校的教学环境是否满意？工资待遇怎样？
4. 您觉得少数民族学生学习习惯与汉族学生有哪些不同，有什么优势与不足？
5. 您对民族文化学校传承这方面有什么看法？您在教授课程时是否会有意识传授有关民族文化方面的知识？
6. 您对本民族文化有哪些认识，您知道的民族文化的传承途径有哪些？
7. 您所在学校民族文化传承的活动主要以什么形式展开？对此您有没有什么好的建议？
8. 您认为该校民族文化传承是否成功？是否有意义？
9. 您对学生民族文化课程与文化课程的协调方面怎么看？
10. 您对民族类专业学生的就业前景方面有没有什么预期？
11. 您觉得民族地区中职院校走民族文化为特色道路是否行得通，为什么？

# 参 考 文 献

[1] 费孝通．论人类学与文化自觉［M］．北京：华夏出版社，2004．

[2] 曹能秀．民族文化传承与教育［M］．北京：人民出版社，2012．

[3] 井祥贵．民族传统文化的学校教育传承研究——以丽江纳西族学校为个案［M］．北京：科学出版社，2015．

[4] 冯增俊，等．当代比较教育学［M］．北京：人民教育出版社，2008．

[5] 顾明远．中国教育的文化基础［M］．太原：山西教育出版社，2004．

[6] 关颖．社会学视野中的家庭教育［M］．天津：天津社会科学出版社，2001．

[7] 黎熙元．现代社区概论［M］．广州：中山大学出版社，2007．

[8] 赵世林．云南少数民族文化传承论纲［M］．昆明：云南民族出版社，2002．

[9] 王军，董艳．民族文化传承与教育［M］．北京：中央民族大学出版社，2007．

[10] 王屹，黄艳芳．结构调整：职业教育攻坚之路——广西中等职业教育发展对策的研究与实践［M］．桂林：广西师范大学出版社，2009．

[11] 赵世林．论民族文化传承的本质［J］．北京大学学报，2002（5）．

[12] 曹能秀，王凌．少数民族地区的学校教育和民族文化传承［J］．云南师范大学学报（哲学社会科学版），2007（3）．

[13] 曹能秀，王凌．试论教育中的少数民族文化传承面临的问题与挑战［J］．当代教育与文化，2010（1）．

[14] 马丽娟．云南民族地区中等职业教育的改革［J］．云南民族大学学报，2010（1）．

[15] 宝乐目．地方课程——少数民族地区实施多元文化教育的载体［J］．民族教育研究，2006（2）．

[16] 曹立春．传统文化与经济发展关系的文献综述［J］．湖南科技学院学报，2005（6）．

[17] 陈兴贵．多元文化教育与少数民族文化的传承［J］．民族文化研究，2005（9）．

[18] 陈兴贵．多元文化教育与少数民族文化的传承［J］．云南民族大学学报（哲学社会科学版），2005（5）．

[19] 井祥贵，卢立涛．纳西族勒巴舞的文化内涵及教育启示［J］．四川民族学院学报，2010（6）．

[20] 井祥贵．学校教育视野下的民族文化传承研究［J］．民族教育研究，2011（5）．

[21] 张诗亚．发展民族特色职业教育促进民族共生教育体系建立［J］．民族教育研究，2013（1）．

[22] 周仕敏．让民族文化之花在职业学校绽放——广西推进职业学校民族文化传承创新纪实［J］．中国民族教育，2015（3）．

[23] 蒋士会，夏光祥．多元文化冲突时代少数民族文化安全机制构建［J］．黔南民族师范学院学报，2016（4）．

[24] 卢德生．民族文化传承中的社会教育运行机制研究［D］．重庆：西南大学，2008．

[25] 刘正发．凉山彝族家支文化传承的教育人类学研究［D］．北京：中央民族大学，2007．

[26] 夏光祥．民族地区职业教育民族文化传承与创新：理念、机制与路径——基于广西壮族自治区的个案研究［D］．桂林：广西师范大学，2017．

［27］ 陈凤阳．中等职业技术教育中的民族文化传承研究——以贵州省台江县民族中等职业技术学校为个案［D］．武汉：中南民族大学，2015．

［28］ 彭欧．西藏中等职业教育本土化研究［D］．重庆：西南大学，2014．

［29］ 邱玲娟．少数民族地区中等职业教育校本课程开发研究——以湖南省江华瑶族自治县职业中专学校为例［D］．重庆：四川外国语大学，2015．

# 后 记

　　文化，是人类历史不断发展进步的产物，是一个国家文明的体现。民族文化是民族社会结构的重要组成部分，它包含着一个民族的集体智慧，是一个民族内在精神风貌的体现，是民族灵魂之所在。传承和发展少数民族文化不仅关系到其发展，还关系到中华民族实现各民族平等共处、团结友爱、共同发展目标的实现，关系到文化软实力及我国综合国力的提升，关系到国家文化多样性与民族文化传播的现实性需求。因此，将民族文化的精华部分世代传承下去是学校教育义不容辞的责任。

　　2016 年 10 月至 2018 年 8 月，本人作为 2016 年度广西职业教育教学改革重大研究招标课题"职业院校传承发展区域民族文化研究"（课题编号：GXZJ2016ZD14）的首席专家（投标人），组织课题组成员经近两年的时间共同完成了课题研究。本书是在课题研究成果的基础上撰写的，主要从学校教育中职业教育的角度对民族文化传承与发展进行研究。在本书的写作过程中，力图通过百色中等职业学校传承发展民族文化的个案研究，把握职业教育在民族文化传承中的作用和存在的问题，探讨以教育促进民族文化传承的目标、内容、路径和方法，并从理论上探讨民族文化传承和教育的关系。

　　实际上，我撰写本书有些不安，唯恐书中的某些研究视角、路径和实践得不到学术界同仁的认可和共鸣。带着忐忑的心情，怀揣着对职业教育科研的热爱与执着，将书稿交给百色学院吕嵩崧教授审阅。吕嵩崧教授提出了一些修改意见，给予了我动力，特别是吕教授亲自为本书作序，从学术角度对本书给予了客观的评价。

　　在本书出版之际，衷心感谢南宁师范大学王屹教授在课题研究过程中给予的悉心指导，以及对书稿编写和出版过程的关心和支持；感谢百色学院吕嵩崧教授对书稿提出的修改意见并予以作序；感谢课题组韦柳春、岑亮、梁才世、梁国营、黄英敢等同志。课题研究成果是全体课题组成员精诚团结的结果，是所有课题组成员的智慧结晶。此外，本书参考了国内外学者的许多研究成果，在书后参考文献中已注明，在此一并表示衷心的感谢。

刘易霏

2019 年 2 月 9 日于广西百色